书山有路勤为径,优质资源伴你行
注册世纪波学院会员,享精品图书增值服务

绩效创新

王志刚 张友琴 俞强 著

BEM本土化解读和最佳实践指南

电子工业出版社
Publishing House of Electronics Industry
北京·BEIJING

未经许可，不得以任何方式复制或抄袭本书之部分或全部内容。
版权所有，侵权必究。

图书在版编目（CIP）数据

创新绩效：BEM本土化解读和最佳实践指南/王志刚，张友琴，俞强著. —北京：电子工业出版社，2024.6
ISBN 978-7-121-47988-5

Ⅰ.①创… Ⅱ.①王… ②张… ③俞… Ⅲ.①企业绩效—企业管理—指南 Ⅳ.①F272.5-62

中国国家版本馆CIP数据核字（2024）第109336号

责任编辑：杨洪军　　　特约编辑：王　璐
印　　　刷：河北鑫兆源印刷有限公司
装　　　订：河北鑫兆源印刷有限公司
出版发行：电子工业出版社
　　　　　北京市海淀区万寿路173信箱　邮编100036
开　　本：720×1000　1/16　印张：13.25　字数：212千字
版　　次：2024年6月第1版
印　　次：2024年6月第1次印刷
定　　价：69.00元

凡所购买电子工业出版社图书有缺损问题，请向购买书店调换。若书店售缺，请与本社发行部联系，联系及邮购电话：（010）88254888，88258888。
质量投诉请发邮件至zlts@phei.com.cn，盗版侵权举报请发邮件至dbqq@phei.com.cn。
本书咨询联系方式：（010）88254199，sjb@phei.com.cn。

前 言

本书的 3 个观点

一位曾经阅读过《绩效改进商业画布》的读者问了这样一个问题，请你试着回答一下。

"绩效改进在分析过程中，一定需要数据分析吗？"

□需要 □不需要 □不确定

这是一个非常有趣的问题，它引起了我们团队的一场内部大讨论。运用绩效改进方法论分析和解决问题，一定需要数据分析吗？这次讨论也成为我们撰写本书的契机之一，希望大家能从不同的视角看待绩效改进方法论。基于此，我们希望通过本书传达3个观点。

1. 绩效改进是一种思维方式

绩效改进不是一种解决方案，而是一种思维方式。运用这种思维方式，首先思考真问题是什么，而不是直接跳到给出解决方案这一步。在《上游思维》一书的开篇，作者丹·希思（Dan Heath）讲述了这样一个故事。

你和一个朋友在河岸边野餐。忽然，水里传来呼叫声——一个孩子落水了。你俩毫不犹豫地跳入水中，抓住孩子，游向岸边。正气喘吁吁时，你们又听到另一个孩子哭着求救。你和朋友像刚才一样跳进水里，然后接二连三地看见落水挣扎的孩子。你们俩拼命施救，但怎么也跟不上孩子们落水的速度。忽然，你看到朋友从水里站起来要走。"去哪儿？"你着急地问。他答道："我要去上游找那个把孩子扔进水里的人算账！"

跳进河里救孩子当然是紧急且重要的事情，但如果发现救完孩子还无法解决问题——仍有孩子不断掉到水里，那你要做的就不是一次又一次跳到水里救孩子（同样的解决方案）了，而是找到真问题，即究竟是什么原因导致孩子不断落水。这需要你回到上游，追根溯源发现真问题。正如彼得·德鲁克（Peter Drucker）在其管理学著作《创新与企业家精神》一书中所言："在管理决策中最常见的错误是我们强调寻找正确的答案，而不是正确的问题。但真正危险的，是问错了问题。"事实上，问题之所以无法解决，大部分原因是没有发现真问题，而不是问题本身不能被解决。

因此，绩效改进是一种非常好的思维方式，要找到真问题，你需要清晰地界定真问题。同时，我们注意到就像本书开篇那位读者提出的问题一样，国内还有不少读者对绩效改进方法论的认识存在误区，我们希望你通过阅读本书，能够从不同的视角来看待绩效改进，从而实现组织内的创新绩效。

2. 绩效改进可以解决非量化问题

这直接回答了本书开篇那位读者提出的问题。数据本身是一种非常重要的资产，甚至是未来的终极资产。大数据是人工智能的基础，ChatGPT这类人工智能工具的横空出世，向人们展示了未来谁拥有这一终极资产，谁就会在"超竞争时代"获得独特的竞争优势。绩效改进是提倡量化分析的，它可以更精准地定义问题，从而用更小的行为代价取得更有价值的成果。绩效改进同样可以解决非量化问题，这使绩效改进方法论的适用场景变得非常广泛。本书将更多地从非量化角度使用吉尔伯特行为工程模型（Behavior Engineering Model，BEM）进行分析，让问题被简单有效地解决。

BEM由托马斯·吉尔伯特（Thomas Gilbert）最早提出，他是国际绩效改进协会（International Society for Performance Improvement，ISPI）的创始人之一，被誉为"绩效改进之父"。他告诉人们不要局限于培训，而要采取一种缜密且以观察为基准的方式来提升绩效。他在 *Human*

*Competence:Engineering Worthy Performance*一书中描述了如何使用BEM改善员工的工作环境而非改善员工本身。研究表明，85%的绩效问题与工作环境有关，只有15%的绩效问题与个人有关。然而，当工作环境需要改善时，组织却把大部分时间花在"修理员工"上。正如《流程圣经》一书的作者吉尔里·拉姆勒说的那样："如果你让一个优秀的员工对抗一个糟糕的系统，这个系统几乎每次都会赢。"

3. 绩效改进的本质是创新

创新和创造不同。创造（Creation）是将目前没有的事物造出来的过程，即从0到1的过程。创新（Innovation）则被认为是聚焦于某一情境下的创造力，即产生创新思想并让其产生结果的过程，这是一个从1到N的过程。

绩效包含有价值的成果与行为代价两部分。从绩效的定义来看，绩效改进解决不了现实中不存在的问题，即从0到1的问题，但可以解决从1到N的问题。无论是组织增长还是组织创新，都是能让绩效技术大展拳脚的领域。创新绩效本质上是组织、团队或个人在创新中有价值的成果和创新实现过程中的行为代价这两种关系的博弈，其目的是通过绩效技术的改进创建属于组织的独特竞争优势。因此，绩效改进的本质是创新。

近年来，有关绩效改进的方法和技术被引入中国，国内外的学者在这一领域不断研究和实践，出版了大量的图书。但是，我们发现专门阐述BEM的图书比较少。我们希望将自己在国内十几年的实践总结成书，为组织内的高层、管理者、内外部顾问、培训管理者及对绩效改进方法感兴趣的人提供全新的视角和方法论。

本书的结构

本书从定义问题开始，并使用BEM进行诊断分析，最终形成简单有效的创新方案，我们称这个分析的过程为PAI。PAI的发音与π近似，因此本书的主要模型叫π模型。之所以用圆周率π表示，是因为π是一个无限不循环小数，无穷无尽，包含所有的组合。伊查克·爱迪思（Ichak Adizes）在《企业生命周期》一书中阐述了一个观点：问题具有永恒性。变化一直存在，变化本身会引发问题，由变化引起的问题将产生一系列解决方案，而这些方案将导致更多的变化，如此循环，如图0-1所示。

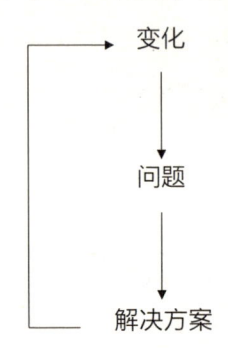

图0-1 "变化-问题-解决方案" 循环

从探寻问题到实现创新绩效的过程就像π一样无穷无尽，具有永恒性，同时包含所有组合。这里的PAI由3个词的英文首字母组成：问题（Problem）、分析（Analysis）、创新（Innovation），其所构成的π模型如图0-2所示，这是本书的主要撰写框架。

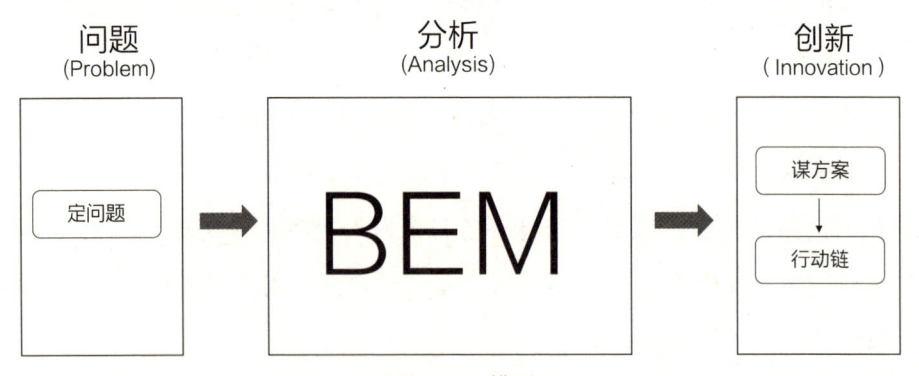

图0-2 π模型

本书由四篇、十章组成，第一篇是"问题：探索起点"，包含第一章的内容。第一章主要描述了组织中的4种需求——能力需求、行为需求、环境需求和业务需求，为界定真问题打下基础。第一章使用"提出问题—衡量问题—描述问题"的定问题框架，发现真问题，并在组织内部形成统一的管理语言。

第二篇是"分析：拨开迷雾"，主要使用BEM进行分析，包括第二~七章。第二章主要阐述了BEM国内外相关研究，同时根据我们多年的实践总结，提出了对BEM的进一步理解，更新后的（数字化转型下的）BEM结构如图0-3所示。

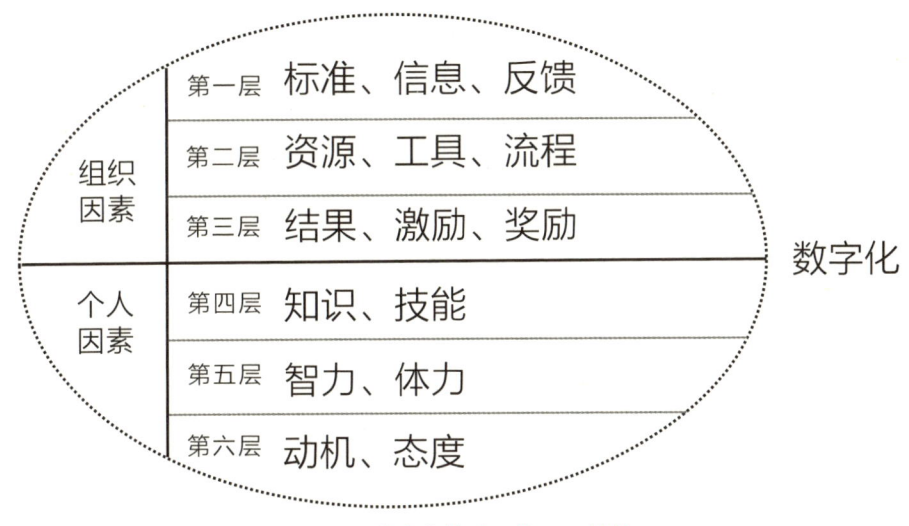

组织因素
- 第一层 标准、信息、反馈
- 第二层 资源、工具、流程
- 第三层 结果、激励、奖励

个人因素
- 第四层 知识、技能
- 第五层 智力、体力
- 第六层 动机、态度

数字化

图0-3 数字化转型下的BEM结构

第三章阐述了BEM的第一层，包括标准、信息和反馈这3个绩效因素。第四章阐述了BEM的第二层，包括资源、工具和流程这3个绩效因素。第五章阐述了BEM的第三层，包括结果、激励和奖励这3个绩效因素。第六章阐述了BEM的第四~六层，包括知识、技能、智力、体力、态度和动机这几个绩效因素，它们属于个人因素，以帮助大家更系统地理解BEM。同时，我们将"数字化"单独成章，在第七章中做详细阐述。数据本身处于BEM的第一层，但数字化转型已成为每个组织的必答题而非选择题。第七章将从BEM视角阐述我们的一些浅见。

第三篇是"创新交响"，即创新方案，包含第八~九章。第八章是"谋方案：创新的策略"，包括三步：收集方案、配置方案、准备行动。

该章所述的创新方案包含两种，一种是基于根因的常规方案，另一种是使用水平思考方式形成的突破性方案，包括数字化解决方案。创新方案将是该章阐述的重点。第九章是"行动链：执行的力量"，同样包括三步：化解抗拒、驱动执行、回顾复盘。执行落地是相当重要的，在我们经历的项目中，有的创新方案设计得很好，但执行落地时出现问题的例子比比皆是。我们希望给大家提供有效的落地方法和工具，因此在该章提供了很多实用的建议。

第四篇是"成功乐章"，包括第十章，该章介绍了一个以π模型为分析框架的完整实践案例。

本书除第二章和第十章外，都使用了"观—为—得"思维框架。这是《高效能人士的七个习惯》作者史蒂芬·柯维（Stephen Covey）的"观（思维）—为（实践）—得（结果）"思维逻辑，他认为结果的产生是由人们的行为决定的，而决定人们如何行事的，是人们的思维，柯维将其定义为"思维模式"。因此，各章首先从思维心智上进行阐述，即核心概念，然后根据核心概念提供针对性的工具和方法。最后为了方便大家应用落地，我们提供了教练技巧，即在发现和分析问题时可以使用的提问框架与技巧，以帮助大家系统思考，并产出有价值的结果。正如爱因斯坦所言："疯狂就是一遍又一遍地重复做同样的事情，却希望得到不一样的结果。"我们希望大家看到以往忽视或看不到的视野和角度。

本书设置了大量的练习，以帮助大家内化所学知识，并能够在真实环境中实操和落地。同时，我们对每项练习都提供了参考答案。为了防止大家"偷懒"，直接看答案做题，我们特意把答案倒过来设置，强烈建议大家先自己做题，然后对照答案来思考，这样的读书方式会让大家对本书的知识点和应用工具理解得更加深刻。同时，我们在每章章末都设置了"本章回顾"板块，以帮助大家将短期记忆转化为长期记忆。

本书的3个前提假设

1. 人有绩效能力

绩效能力是指组织内的人具备完成本职工作的意愿和能力。这是我们在进行BEM分析时最重要的前提假设。如果组织内的人本身不具备完成本职工作的能力，那么BEM分析往往是无效的。

2. 组织拥有应对外部变化的机制或能力

我们认为组织通常有能力应对外部变化，或者能够形成应对外部变化的机制或能力。因此，本书主要探讨组织内部提升绩效和实现创新绩效的方法，包括组织层面、团队层面和个人层面，主要解决绩效改进和绩效创新中非量化部分的问题，并不探讨外部环境对组织的影响。

3. 管理者属于组织因素

这个前提假设非常重要。对管理者个人而言，其属于个人因素，但所有的标准、信息、反馈、资源、流程、工具及激励和奖励，都是由管理者制定的。管理者根据自己的职级，在自己被组织授权的范围内实施影响力，从而影响组织、团队、个人3个层面的创新绩效。因此，管理者属于组织因素，也就是BEM中的上三层。

阅读建议

1. 教是最好的学

将自己所学的内容教授给他人，是最好的学习方式。

记忆和吸收知识的快慢与学习方式有非常大的关系。美国缅因州的国家训练实验室曾经做了一项研究，研究结论是采用不同的学习方式（被动学习和主动学习），学员在两周之后还能记住的知识是不同的，如图0-4所示。

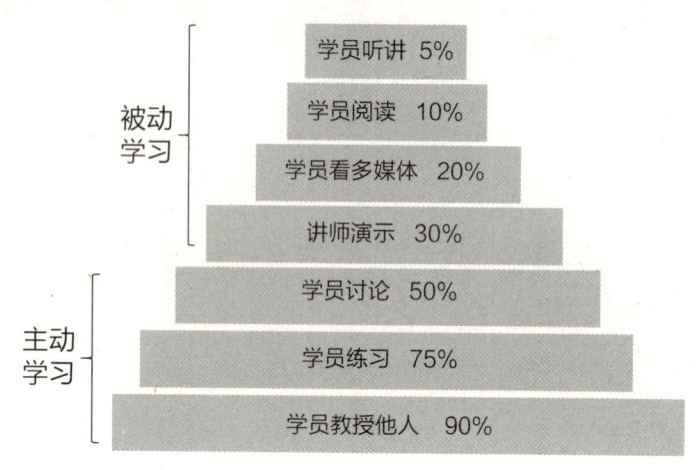

创新绩效
BEM本土化解读和最佳实践指南

```
                学员听讲   5%
被动         学员阅读   10%
学习       学员看多媒体  20%
         讲师演示     30%
主动    学员讨论      50%
学习   学员练习       75%
     学员教授他人     90%
```

图0-4 学习金字塔

这项研究表明，将自己所学内容教授给他人，是知识吸收效率最高的方式。正如《换种教法》一书中提到的，"学习意味着改变"。

2. 阅读顺序建议

本书的定位是应用工具书。因此，我们提供了大量的方法、工具和技巧，同时对工具背后的理论基础做了部分介绍，并考虑了大部分刚刚接触绩效改进的读者的知识背景。对于阅读顺序，我们给予以下两个小建议。

（1）如果你希望直接应用本书提供的方法，需要完整地精读。当然，你也可以直接跳到第十章，先快速理解本书整体框架是如何在实际场景中应用的，这样会对本书的整体内容有一个"老鹰视角"，方便接下来有针对性地去读。

（2）如果你希望对本书的理论源头有进一步的了解，可以从第二章开始读。该章是我们在整理600多篇中外文献的基础上凝练的精华。我们既希望你了解BEM理论从产生到发展的历程，也希望你不会觉得本书内容枯燥无趣，尽量做到对初学者更友好。

目 录

第一篇　问题：探索起点 / 001

第一章　定问题：问题≠真问题 / 002

第二篇　分析：拨开迷雾 / 025

第二章　揭开BEM的神秘面纱 / 026

第三章　BEM第一层：从标准开始？YES！ / 044

第四章　BEM第二层：成事，必先利其器 / 066

第五章　BEM第三层：激励，一致的逻辑 / 082

第六章　BEM个人因素：蝶变，人效的跃迁 / 102

第七章　BEM视角下的数字化转型 / 117

第三篇　创新交响 / 137

第八章　谋方案：创新的策略 / 138

第九章　行动链：执行的力量 / 154

第四篇　成功乐章 / 175

第十章　真实应用案例：数字化金融公司的神奇赋能 / 176

后　记 / 192

参考文献 / 195

第一篇

问题：
探索起点

在管理决策中最常见的错误是我们强调寻找正确的答案，而不是正确的问题。但真正危险的，是问错了问题。

——彼得·德鲁克，《创新与企业家精神》

第一章

定问题：问题 ≠ 真问题

以下是一个真实的故事，你认为王女士的真问题是什么？

> 王女士是一家公司的HR，也是一位已婚妈妈。由于工作繁忙，又要兼顾家庭，王女士感觉自己每天都处于忙碌状态。在一次研讨会上，她提出这样一个问题：如何更有效地管理时间？话毕，大家就开始七嘴八舌地提建议。她认真听完，然后说："其实我把每天要做的工作非常细化地罗列出来，也把事情分类成重要、不重要、紧急和不紧急4个类别，并运用番茄时间管理工具管理自己的时间。但我总感觉时间管理得不好，时间总不够用，一点自己可利用的时间都没有。哪怕是看一场电影、参与一个半天培训项目都没有时间。时间真的太少了。"她长长地叹了口气。你觉得王女士遇到的真问题是什么？
>
> A. 时间管理的技能有待提高
> B. 自己没有意识到真问题是什么
> C. 我不知道
>
> 你的回答是什么呢？
>
> 请将书倒过来看参考答案。
>
> 答案：B. 自己没有意识到真问题是什么

王女士的真问题是什么呢？她看到自己忙碌的状况和无法解脱的现

实，把这些情况归结为时间管理技能不够，却没有意识到自己的真问题是什么。在接下来的交流中，我们问了她一个关键问题："你通过提高时间管理技能，真正的期望是什么？"她停顿了差不多10秒，突然兴奋地说："我的期望并不是有效地管理时间，而是在有限的时间里给自己保留哪怕半天的时间过自己向往的生活，如睡个懒觉或独自一个人去看场电影。"显然，她的真问题是没有私人时间，而不是时间管理的技能不够。"我跟大家交流后发现自己的时间管理技能是比较娴熟的，我要想想如何在忙碌的生活中给自己留一点私人时间。这个问题的重新梳理让我一下子豁然开朗，我知道接下来该做什么了。"她非常肯定地说道。

这个案例说明了什么呢？很多问题都不一定是"真问题"，很可能是表象（症状），如果只解决表象，往往治标不治本，即使这次解决了，问题下次还可能发生。因此，方向比努力更重要。

核心概念

问题的定义

《问题即答案》一书对问题的描述是，"问题"中包含一个非常美妙的词："探索"。我们太喜欢这个词了。发现问题的过程就像一段旅程，从已知中去发现隐藏的未知，探索问题本身就可能获得答案。但是，这里的"问题"是指无法给出标准答案的问题，而不是有标准答案的问题。那么，何谓问题？理想与现实之间的落差就是问题。为了进一步理解，下面来做一个练习。请判断下列选项中哪些属于问题？

A. 如何扩大国内的市场份额？
B. 如何说服老板通过这个财务预算提案？
C. 怎样才能降低人力成本？
D. 今年是否可以告别"单身狗"状态？

创新绩效
BEM本土化解读和最佳实践指南

E. 今天晚上吃什么？

你的回答是什么呢？

请将书倒过来看参考答案。

答案：以上五个都是问题。

光识别出问题还不够，问题的复杂性导致有些问题即使解决了，也无法得到真正有价值的结果。定问题的本质是在不同落差中去伪存真，识别出真问题，如图1-1所示。

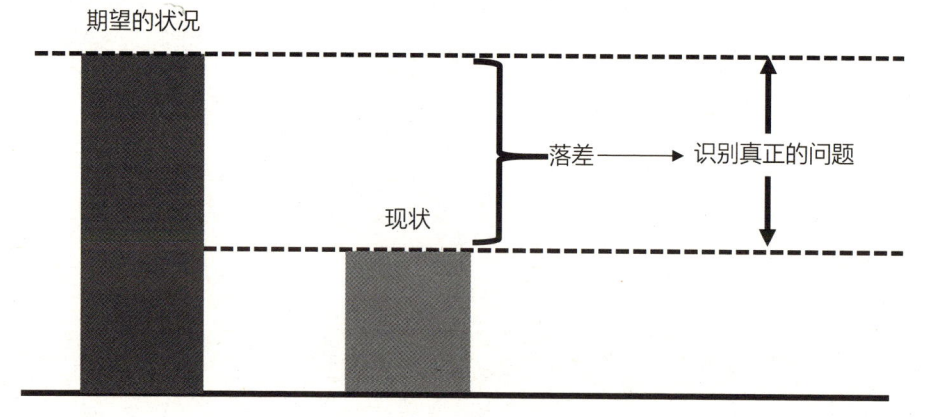

图1-1 定问题的本质

拿上文中列举的其中一个问题来举例。你的老板问你："今天晚上吃什么？"这是一个问题，因为现状是白天工作了一天，肚子饿了，而你的老板希望肚子能够恢复饱足感，否则肚子会不断抗议，没有力气继续工作。期望"恢复饱足感"与现状"肚子饿"之间出现了落差，所以"今天晚上吃什么"是一个问题。但是，它是真问题吗？如果你回答："老板，吃粤菜，可以吗？"老板回答说："太清淡了。"你接着问："四川菜？"老板回答："环境太吵了。"你会发现，你给了老板很多解决方案，但没有将真问题问清楚。这个时候，你需要回到最初的那个问题，进一步探寻真问题是什么。例如，你可以问："老板，你对今晚吃什么有什

第一章
定问题：问题 ≠ 真问题

么要求呢？"老板可能的回答是："我想订一个安静的餐厅，最好可以边吃饭边处理公事，吃什么没有关系，只要干净就好。对了，最好是包房，这样大家交流起来不会被打扰。"你看，老板问你晚上吃什么看似一个问题，但其实背后有很多其他要求，就要求你去伪存真，识别出真问题。因此，我们在本书中设置了很多关于如何提问的框架和技巧，以帮助你在实际运用本书所提方法时能够举一反三，识别出具体情境下的真问题。

定问题三步曲

下面我们将通过3个简单的步骤完整地描述当前存在的绩效和创新问题，以帮助你聚焦真问题，并在理解上保持一致，避免出现偏差。定问题三步曲如图1-2所示。

第一步	→	第二步	→	第三步
提出问题		衡量问题		描述问题

图1-2　定问题三步曲

第一步：提出问题

1. 先发现真问题，而非给出解决方案

解决问题的第一步是发现真问题，而非给出解决方案。同时，你一开始发现的问题往往不是真问题，很可能只是症状，即现象。

举个例子。小张经常抱怨公司的电梯运行得太慢，导致她经常迟到，希望公司能够解决这个问题。小张提出的问题如图1-3所示。

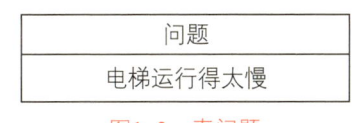

问题
电梯运行得太慢

图1-3　真问题

如果按照解决这个问题的思路提出解决方案，可能的解决方案如图1-4所示。

005

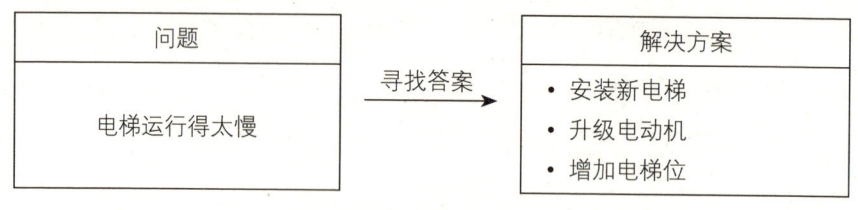

问题	寻找答案 →	解决方案
电梯运行得太慢		• 安装新电梯 • 升级电动机 • 增加电梯位

图1-4　可能的解决方案

你是不是觉得这些解决方案的代价很高（无论是金钱代价还是时间代价）？而且即使付出代价，也不一定能够解决小张的问题。这是典型的拿现象当问题的案例。可能你会说，真问题是"等待的时间长，大家都很不耐烦"。按照这个问题的解决思路，可能的解决方案如图1-5所示。

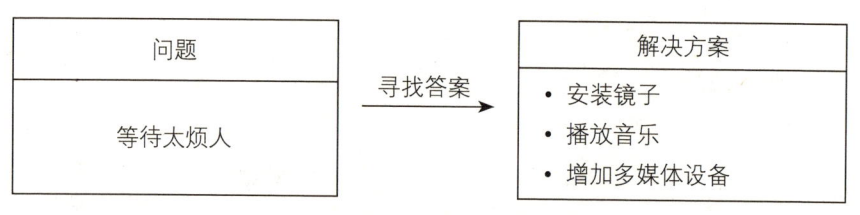

问题	寻找答案 →	解决方案
等待太烦人		• 安装镜子 • 播放音乐 • 增加多媒体设备

图1-5　另一些可能的解决方案

似乎图1-5中的解决方案能解决部分问题，但也没有找到真问题。当遇到这种情况时，你需要反思自己是不是直接跳到提出解决方案而不是探寻真问题这一步了。经过认真思考，小张的问题并不是电梯运行得太慢导致的，而是各办公楼层人员的上班时间过于集中导致的，只有在早上的上班高峰和中午的吃饭高峰大家才会抱怨电梯运行得太慢，其他时间没有出现这种情况。基于以上分析，你会发现，小张认为电梯运行得太慢只是一个症状，而真问题是大家使用电梯的时间过于集中。如果大家可以错峰上班和吃饭，调整工作时间，是不是这种情况就会减少甚至消失呢？

2. 识别真问题，需要理解组织需求

在《绩效咨询（第3版）》一书中，作者提到组织中常常面临各种期望，从而产生4类需求，包括业务需求、环境需求、行为需求和能力需求，如图1-6所示。

（1）业务需求：基于组织和业务的战略或目标形成的需求。这类需求往往是组织存在的目的。此类需求既可以是量化的，也可以是非量化的。这类需求的提出相对明确且具体，通常与组织或部门的关键绩效指标（Key Performance Indicator，KPI）相结合，属于改进业务结果类需求。

（2）环境需求：基于组织内部工作环境提出的相关需求，可以是一个或多个。此类需求包括重新调整组织架构、引入一个新的系统、流程重组、构建新的激励体系等。有时候也会提供一种解决方案来满足这些需求中的一个。上文中"电梯太慢"的案例中讲的就是环境需求。环境需求属于改进流程效率类需求。

```
业务需求
  环境需求
    行为需求
      能力需求
```

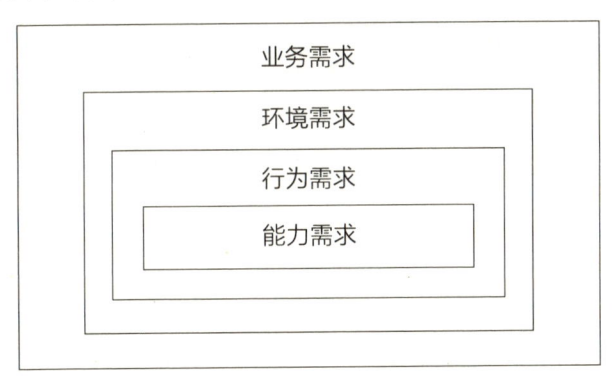

图1-6　组织中的4类需求

（3）行为需求：组织或管理者提出的相关需求，如期望组织内的人在工作中做哪些工作或表现出哪些行为以支持业务目标的实现。它有时也指人们目前正在做的事情。组织中的管理者往往心里清楚员工在工作岗位上需要什么样的行为表现，但最大的障碍是在描述这些行为表现时含混不清。例如，对于"我希望基层员工更具有执行力"这类表达，每名员工对执行力的理解是不一样的，更好的描述是"我希望你在12小时内回复我的邮件"。行为需求属于改进组织内个人或某类群体的行为的需求。

（4）能力需求：组织内部对人们所掌握的知识、技能甚至态度等提出的相关需求。有时也会提供一种解决方案来满足这些需求中的一个，如"我希望给下属们提供一个培训项目，提高他们解决问题的技能"。这属于改进组织内个人或某类群体的能力的需求。

你可以通过识别组织中的以上4类需求，甄别具体的问题，寻找更有效的诊断和分析路径，从而识别真问题，并敏捷高效地予以解决。

3. 根据组织需求，重新定义问题

根据组织的4类需求，可以重新定义组织的4类问题，如表1-1所示。

表1-1　重新定义组织的4类问题

序号	组织需求	组织问题
1	业务需求与业务现状的落差	业务问题
2	环境需求与环境现状的落差	环境问题
3	行为需求与行为现状的落差	行为问题
4	能力需求与能力现状的落差	能力问题

为了帮助大家更好地理解这几个概念，下面先做一个练习。请判断以下情境属于组织中的哪类问题（不定项选择）。

情境1：公司A类产品的市场份额不断下滑，我们需要重新挽回市场份额。

□业务问题　　□环境问题　　□行为问题　　□能力问题

情境2：我需要市场部的所有员工都使用线上操作系统来完成工作。你能提供怎样的培训使他们很快学会该新系统？

□业务问题　　□环境问题　　□行为问题　　□能力问题

情境3：我希望客服人员可以给用户提供更加热情周到的服务。我想跟你谈谈该如何实现这一点，不知道培训客服人员是否可行。周一下午我们聊聊吧。

□业务问题　　□环境问题　　□行为问题　　□能力问题

情境4：过去的两周，我们的客户满意度不断下滑，老客户的复购率下降了20%。我认为是我们内部的激励体系出现了问题，是时候改变了。

□业务问题　　□环境问题　　□行为问题　　□能力问题

情境5：销售团队成员之间经常为了抢某笔订单而发生冲突，我

第一章
定问题：问题≠真问题

希望他们能够团队协作以实现部门的整体目标，而不是只关注个人利益。我们要运用怎样的团队建设经验来提升大家的团队意识和团队协作技能？

☐业务问题　　☐环境问题　　☐行为问题　　☐能力问题

你的回答是什么呢？

请将书倒过来看参考答案。

答案：
情境1：业务问题
情境2：环境问题、能力问题
情境3：行为问题、能力问题
情境4：业务问题、环境问题
情境5：行为问题、能力问题

初步判断了问题类型之后，可以通过如表1-2所示的识别真伪问题清单初步判断组织提出的问题是真问题还是假问题。

表1-2　识别真伪问题清单

序号	组织问题	真假问题
1	业务问题	真问题
2	环境问题	真问题
3	行为问题	有可能是假问题
4	能力问题	很可能是假问题

如果是真问题，就可以确定问题的目标或要求，分析现实中存在的问题，查找产生问题的原因或障碍，形成简单有效的创新方案。而对于可能是假问题的情形，需要使用一些分析问题的工具和相关教练（提问）技巧，使真问题浮出水面。

第二步：衡量问题

提出问题后，需要对问题进行衡量，即通过一定的标准确定问题是否解决了，如时限、可以采用的指标等。

1. 容易混淆的3个关联要素

厘清问题、目标和方案这3个关联要素对衡量问题非常重要。下面来做一个练习，请把下列3个词汇的序号填写到A、B、C 3个句子对应的横线上。

> ①目标　②问题　③方案
>
> A. 组织系统中的整个环节出了状况，它的运作是无效的＿＿
>
> B. 我们想达到这些明确的结果＿＿
>
> C. 我们想找到或创造某种更好的方式（才能实现某个具体的结果）＿＿
>
> 你的回答是什么呢？
>
> 请将书倒过来看参考答案。
>
> 答案：A.② B.① C.③

问题是理想与现实之间的落差。在上面这个练习中，"组织系统中的整个环节出了状况，它的运作是无效的"，这是一种现实情况，而理想的状况对组织运作是有效的。这是一个问题。

目标是组织期望取得的有价值的结果，也是行为的预期目的，为行动指明方向。同时，目标可以将问题具体化，这意味着可以使用目标来衡量问题，既包括量化的目标，也包括非量化的目标。例如，"要让组织运作有效"，想达到的明确结果是什么？这个明确结果可以是"将客户回复率提高到100%"（量化目标），也可以是"一切运转正常"（非量化目标）。通常，量化目标更容易衡量。

方案即创新方案。上面练习中的"我们想找到或创造某种更好的方式（才能实现某个具体的结果）"是一个创新方案。值得注意的是，人们喜欢直接跳到提供解决方案这一步，而非发现真问题。

2. 将问题目标化

明确问题后，还需要对问题进行进一步衡量，即目标化。正如彼得·德鲁克所说的,"无法衡量,就无法管理"。目标应当符合SMART原则,即具体的(Specific,S)、可衡量的(Measurable,M)、可达到的(Attainable,A)、相关的(Relevant,R)、有时限的(Time-bound,T),以保证在回顾目标时判断问题是否被真正解决。

在过去的几十年里,用于衡量目标的指标体系的研究成果非常丰富。表1-3提供了一些可以使用的衡量目标的指标示例。

表1-3 衡量目标的指标示例

级别	要求的结果	指标示例
增值	提供让客户满意的质量	• 因组织产品导致的伤残事故 • 因组织产品导致的死亡事故 • 公众形象
组织	提高利润	• 收入 • 支付的费用 • 总资产
组织	提升客户满意度	• 客户满意度得分 • 客户忠诚度 • 客户投诉 • 活跃账户的平均持续时间 • 每个账户销售的产品数量
组织	提升员工满意度	• 员工满意度得分 • 不满意申诉 • 记录在案的投诉 • 绩效水平 • 离职率 • 旷工
运营	增加销售	• 销售的产品(服务或商品) • 新开账户 • 存货周转率 • 每个渠道的销售量 • 频数(销售交易数量)

续表

级别	要求的结果	指标示例
运营	提高生产质量	• 生产率 • 出错率 • 效率 • 返工 • 拒收

资料来源：格拉·洛佩兹，希克斯. 绩效伙伴：让战略落地 [M]. 易虹，等译. 北京：电子工业出版社，2020.

确定了衡量目标的指标后，如何衡量目标呢？我们通常建议使用"主、谓、宾、补"的格式对问题进行衡量，如表1-4所示。

表1-4 "主、谓、宾、补"格式

主语	谓语	宾语	补语
卓越公司	降低	老员工流失率	从当前的20%到1年后的5%

通过提出问题和衡量问题，基本可以澄清要解决的绩效问题或创新问题是什么，知道如何衡量提出的问题。除此之外，还需要进一步理解提出问题的现实情况。

第三步：描述问题

将问题目标化之后，还需要进一步对问题的具体情况进行描述，以帮助大家理解所提出的问题。通常使用6W2H对提出的问题进行具体描述，以使所有人对该问题的现状达成共识，消除信息层面的障碍，如图1-7所示。

6W2H

谁(Who)	什么(What)	原因(Why)	对象(Whom)
谁解决问题？发现者或执行者是谁？	何事、何物发生了差距？发生的次数、数量或程度如何	问题出现的原因或影响是什么	与谁有关？涉及的利益相关方有哪些

地点(Where)	时间(When)	做了什么(How)	花费(How Much)
在哪里发生的	何时发生的？具体的时限是什么	目前是如何解决的	目前的花费如何（包括财务或非财务的）

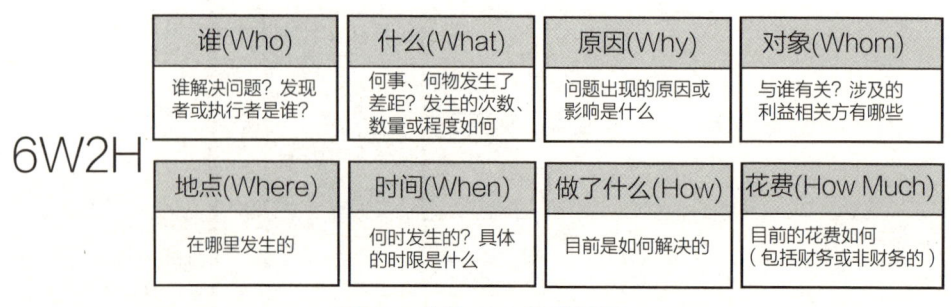

图1-7 使用6W2H描述问题

- Who（谁）：包括当事人是谁或谁负责解决这个问题。可以明确列出相关人物、结构、组织或岗位等信息。同时，"谁"也包括发现者或执行者等人群信息。
- What（什么）：包括何事、何物出现了差距，以及发生的次数、数量或程度。应当明确列出问题的事实和框架。
- Why（原因）：包括问题出现的原因或影响。应当明确列出目的、原因、意义或意图等相关信息。
- Whom（对象）：包括与谁有关、涉及的利益相关方有哪些。应当明确列出目标人物等关键信息。
- Where（地点）：在哪里发生的。应当明确列出地点、位置、地理环境或地区等信息。
- When（时间）：包括时限或时间段，何时发生的，具体的时限是什么。应当明确列出日期或时间轴（一段时间或时间点）。
- How（做了什么）：包括目前做了什么或是如何解决的。应当明确列出已经运用的手段、过程、方法和步骤等相关信息。
- How Much（花费）：指目前已经花掉的费用，包括时间、金钱、人力资源等。

特别需要注意的是，6W2H是用来描述问题现状的，而不是用来描述未来的希望和展望的。人们在描述问题时，经常出现使用6W2H描述未来希望做哪些工作的情况，如果需要描述未来希望做什么，首先需要将现实状况描述清楚，以使大家对问题的现状有清晰的界定，避免"鸡同鸭讲"的情况发生。

同时，"定问题"处于探索真问题的阶段，而不是解决问题、提出创新方案的阶段，因此要避免在讨论之后直接跳到提供解决方案这一步。在探索问题的过程中，可以使用"定问题"的应用工具，聚焦真问题。

> **创新绩效**
> BEM本土化解读和最佳实践指南

应用工具

通过甄别问题类型，选择合适的问题框架，运用"定问题"三步曲，可以高效地确定真问题。表1-5是确定问题表，提供了定问题的应用工具。

表1-5 确定问题表

提出问题			
问题类型	具体的问题类型（打√）	真问题/假问题	是否需要重构问题
业务问题			
环境问题			
行为问题			
能力问题			
衡量问题			
主谓宾补			
描述问题			
使用6W2H描述具体情况			
Who	当事人是谁		
What	发生了什么		
Whom	针对的对象是谁		
When	发生的时限或时间段		
Where	在哪里发生的		
Why	问题出现的原因		
How	目前都做了什么		
How Much	目前已经花掉的费用		
检核问题			
□ 已针对问题全方位收集了事实和其他各类信息			
□ 对真问题达成了共识			
□ 没有被忽略的信息或关键点			

表1-5为大家提供了发现问题的一个很好的切入点。下面举一个实例，以帮助大家更有效地应用本工具。

我们曾经遇到过一个广告公司的CEO，她经常抱怨员工工作态度有问题。具体情况是，公司根据客户要求提供策划文案，但员工经常达不到要求。更让人无奈的是，员工还经常加班，却得不到她的认可。员工在将策划文案提交给客户之前会先让她审核，经她确认后再发给客户。这样做的好处是，经过她审核的策划文案被客户要求修改的概率比较小，不超过10%，而未经过她审核的文案被客户要求修改的概率超过60%。这就引发了她的困扰：每天工作像打仗一样，既要审核员工完成的策划文案，又要兼顾公司的管理工作。她希望我们为员工组织一次如何有效撰写策划文案的课程，减少她的工作量，同时实现策划方案更少被修改的目的。她的需求包含一项能力需求（有效撰写策划文案）和一项行为需求（减少CEO的工作量和实现更少的修改），本质上已涉及解决方案了（提出用培训解决问题），而不是提出真问题。根据表1-2，我们知道这个需求可能是一个假需求，需要重新确认真问题。于是我们与她进行了沟通，以确定真问题。

我们：你想让员工有效撰写策划文案的最终目的是什么？

CEO：降低这些策划文案被退回并修改的概率。

我们：那么如何衡量这个目的呢？或者说用什么指标来衡量？

CEO：应该是策划文案的修改率。

我们：非常好。我们员工现在的修改率是多少？你希望是多少？

CEO：现在是60%，我希望降低到20%。

我们：你希望他们什么时候能够达到20%的修改率？

CEO：一个月内吧。

……

接下来，我们使用表1-4与CEO沟通，明确了真问题所在，并将该问题的具体情况与CEO达成了一致。具体的问题描述如表1-6所示。

表1-6　CEO需求的具体问题描述

提出问题			
问题类型	具体的问题类型（打√）	真问题/假问题	是否需要重构问题
业务问题			

续表

环境问题			
行为问题			
能力问题	√	很可能是假问题	是

衡量问题

主谓宾补	上海某公司市场部降低员工文案修改率，从当前的60%到下个月的20%

描述问题

使用6W2H描述具体情况

Who	某广告公司CEO
What	负责审核员工的策划文案，个人工作量过大，非常困扰
Whom	市场部策划员工
When	已经有1年时间，希望下个月可以解决
Where	主要是上海
Why	解决这个问题可以帮助CEO从现实的忙碌中解脱出来，对公司发展有益
How	目前是由CEO对策划文案进行审核，希望通过培训解决该问题
How Much	主要是时间成本

检核问题

☐ 已针对问题全方位收集了事实和其他各类信息

☐ 对真问题达成了共识

☐ 没有被忽略的信息或关键点

定义清楚问题之后，通过BEM做进一步分析，我们找到了导致该问题的真正原因，并共同构建了创新方案，开发了8套策划文案撰写工具，并就如何使用这些工具进行了1天的培训。2周之后，CEO已经不再审核策划文案，而是由员工自主审核，最终的修改率降至10%以内（原订目标是20%）。

这个案例看似复杂，在分析之后却得出了简单得令人意外的答案：开发8套策划文案撰写工具即可。这就是发现真问题的魅力所在：简单有效。当然，在探索问题时，通过提问的方式探索问题也是非常重要的，这就需要掌握一些教练技巧。

第一章
定问题：问题≠真问题

教练技巧

教练技巧是通过提问发现真问题的方式和方法。其本质是通过有效的对话激发他人的智慧，从而使他人自发改变自身的行为。正如杰克·韦尔奇（Jack Welch）在其著作《赢》一书中指出的，领导者必须真正成为提出最多、最好问题的人。教练技巧对发现真问题、分析问题及构建创新方案都非常重要。本书提供了大量教练技巧，以帮助大家更好地运用本书所讲的内容和各类应用工具。在本章，我们假设大家对教练技巧并不熟悉。因此，本章将重点探讨基本的教练技巧，为掌握后续章节的相关技巧奠定基础。

提问是发现问题的钥匙

戴维·H.乔纳森在《学会解决问题》一书中提及，提问是最基本的认知元素，它可以引导人们的推理。可以说，提问是解决几乎所有复杂问题的核心所在。一个著名的案例证明了提问是发现问题的钥匙。

这个实验是让观众观看一段视频，画面是一些男人和女人在练习传球。实验的问题是："白衣队总共传了多少次球？"此时，观众全心全意地数着。视频放完，他们就会得出正确答案。但紧接着，第二个问题出现了："你看见黑猩猩了吗？"很多人蒙了："什么？哪里来的黑猩猩？"原来，就在视频中间，有个穿黑猩猩玩偶服的家伙从右侧进入镜头，大摇大摆走到中间，还冲观众摆了个姿势，然后才向左侧走出镜头。如此大只的黑猩猩，观众没有理由看不到。但研究者发现，大约有50%的人都没有注意到。他们的注意力完全放在了"白衣队总共传了多少次球"这个问题上，忽视了其他信息，进入了一种"目盲"状态。

也许你认为，可能是实验对象和地点的缘故。其实，即使换一拨人，换个新地方，实验的结果也差不多。如果实验者把第一个问题改为"传球的共有多少人"或"传球的男女各有多少人"，观众就会非常容易地发现乱入的黑猩猩。通过这个选择性注意力实验，你会发现，原来提问一直在默默地支配着人们的注意力。它就像舞台上的聚光灯，打到哪里，你的目光就会跟到哪里，就像问题出现在哪里，解决和行动的方向就指向哪里。

使用问题框架进行提问

提问很重要，那么如何更有效地提问呢？运用框架思维非常重要。什么是框架？在《剑桥英语词典》中提到了3个关键要素。

- 是一个框子——指其约束性。
- 是一个架子——指其支撑性。
- 是一个基本概念上的结构，用于解决或处理复杂的问题。

这个定义认为，框架本质上是在某个范围内为解决复杂问题而具有支撑性的架构。《框架效应》（崔仁哲，2019）一书将框架定义为打破自己的认知局限，看见问题本质，告别惯性偏误的心理学智慧。

本节所说的问题框架是处理信息的认知结构，是一种有效提问的思维模式，人们可以根据框架的结构和流程达到高质量提问的目的。运用什么样的问题框架来提问，会影响对问题本身的重构、分析、运用，进而影响被提问者对信息的处理结果。例如，在招聘面试过程中，面试官常使用STAR框架进行提问。所谓STAR框架，即情景（Situation）、任务（Task）、行动（Action）和结果（Result）。在面试应聘者的时候，它是一种有效的结构性提问方式。

面试官：请讲一个你通过学习快速胜任新工作的事例。（S）

应聘者：我用一周的时间通过线上学习剪辑短视频完成新的工作任务。

面试官：你要从事的新工作任务是什么？（T）

应聘者：新媒体运营和市场推广。

面试官：你是如何完成这些工作任务的？（A）

应聘者：按照公司的工作标准和流程完成。

面试官：你最后完成任务的情况如何？（R）

第一章
定问题：问题≠真问题

应聘者：我一周完成了3条短视频剪辑，发布后新客户的转化率提升了10%。

以上是一个使用STAR框架进行提问的示例。在该示例中，通过使用STAR框架，不仅可以避免面试官跑题，而且能够有效地甄选出合适的应聘者。不仅如此，还可以通过一系列提问收集应聘者提供的行为事例，以判断其是否说谎，并预测其未来将如何处理类似的情况。所以，在提问中使用框架可以帮助你更有效地识别真问题。本书的π模型和BEM都是一种框架，而且是非常有效的分析框架。

本章主要介绍定问题的基础提问框架，为你在后续章节使用问题框架提问奠定基础。

定问题的基础提问框架

你可以使用如图1-8所示的基础提问框架来发现真问题。

确认当事人 → 用关键词提问 → 确定真问题

图1-8　定问题的基础提问框架

- 确定当事人：提出需求的人并不一定是当事人，很多情况下提出需求的人往往是当事人的下属或上级。当事人是指与具体问题直接相关的人，根据被赋予的权限，他们可以对问题产生直接的影响并承担后果。一般而言，只有通过与当事人对话才能真正发现和解决问题。

- 用关键词提问：从当事人的语言中提取相对客观的词语，然后使用当事人的原话进行提问，以使双方的对话更加自然、不刻意。通过使用关键词进行提问，可以确定双方陈述的内容是否清楚、一致，避免双方有不同的理解，从而为确定真问题创造条件。

- 确定真问题：通过与当事人对话，与当事人确定真问题。值得注意的是，真问题不应该由提问者确定，而应该由当事人确定。

创新绩效
BEM本土化解读和最佳实践指南

以下是使用定问题基础提问框架进行提问的示例。

假设你是某公司的CEO，销售总监向你抱怨说最近生意不好。你问她："是什么原因导致的？"她的回答是公司产品价格太高，希望你批准降低产品价格。以下是你们之间的对话。

CEO：这件事是你直接负责的，还是其他部门负责的？

销售总监：是我负责的。

（CEO首先确定了当事人，通过提问明确了销售总监是该问题的负责人，可以继续提问。）

CEO：你是如何得出"产品价格太高导致业绩不好"这个结论的？

销售总监：我们经常遇到一些客户因为我们公司的产品价格高而放弃购买。

CEO："我们"具体指哪些人？

销售总监：店长。

CEO："经常"是每天、每周、每月，还是其他意思？

销售总监：每周。

CEO：你说的客户主要指哪类客户？

销售总监：主要是大学生群体。

CEO：他们放弃购买的产品是什么？

销售总监：手机套餐。

CEO：价格高在哪里？

销售总监：比友商价格贵了10元。

CEO：放弃购买是在哪个环节发生的？

销售总监：是在销售员与客户发生销售价格异议阶段发生的。

（CEO用关键词进行了提问，通过从销售总监的语言中提取相对客观的词语，对问题进行了进一步的澄清，从而为发现真问题奠定了基础。）

CEO：那么真问题是什么呢？

第一章
定问题：问题≠真问题

销售总监：每周总是遇到大学生客户在购买手机最低套餐时比友商贵10元钱而放弃购买的情况。这种情况通常出现在与客户发生销售价格异议阶段。

CEO：你打算怎么办？

销售总监：这么看不是产品价格的问题，而是大学生客户不知道我们的产品比友商贵10元的原因。其实我们提供了很多增值服务，特别是他们关注的流量问题，综合下来我们的产品价格其实是很优惠的。我回去跟明星销售一起整理一套专门针对大学生客户的话术，再对所有销售人员进行培训，我想这样应该就可以解决这个问题了。

CEO：我什么时候能听到你的好消息？

销售总监：下个月开公司工作例会的时候。

（CEO通过提问让销售总监描述真问题，并让其寻找可行的解决办法。）

通过基础提问框架提问，当真问题浮出水面时，离解决问题就不远了。因此，教练技巧可以帮助你进一步澄清问题，从而向解决问题迈出坚实的一步。

可能有读者认为，这个对话过程需要花费很长时间，现实中没有那么多的时间。我们认为花费这么长的时间是非常值得的，《南辕北辙》的故事告诉我们，没有发现真问题而直接解决，花费的代价会更大。正如爱因斯坦所言："如果给我一小时解答一道决定我生死的问题，我会花55分钟来弄清楚这道题到底是在问什么。一旦清楚了它在问什么，剩下的5分钟足够回答这个问题。"如果没有思考，所有的努力都只是重复劳动。做正确的事远比正确地做事更重要。当然，时间花费值得的前提条件是能问出正确的问题，因此掌握教练技巧也非常重要。

本章回顾

我们用一些简单的回顾性题目结束这一章。请从括号中选出最适合每句话的词语。

（1）问题的本质是（☐识别理想与现实之间的落差 ☐在不同落差中去伪存真）。

（2）组织系统中的整个环节出了状况，它的运作是无效的。这是（☐方案 ☐问题 ☐目标）。

（3）基于组织或管理者提出的相关需求，期望组织内的人们在工作中做哪些工作或表现出哪些行为以支持业务目标的实现。这是（☐业务需求 ☐环境需求 ☐行为需求 ☐能力需求）。

（4）业务问题往往是（☐真问题 ☐有可能是假问题）。

（5）本书主要使用（☐STAR框架 ☐BEM框架）进行有效的提问。

回答和解释

（1）理想与现实之间的落差就是问题。光识别出问题还不够，问题的复杂性导致有些问题即使解决了，也无法得到真正有价值的结果。问题本质上是在不同落差中去伪存真，识别出真问题。

（2）问题是理想与现实之间的落差。组织系统中的整个环节出了状况，它的运作是无效的。这是一种现实情况，而理想的状况为，组织运作是有效的。因此，这是一个问题。

（3）基于组织或管理者提出的相关需求，期望组织内的人们在工作中做哪些工作或表现出哪些行为以支持业务目标的实现。这是行为需求。行为需求属于改进组织内个人或某类群体的行为的需求。

（4）业务问题往往是真问题。如果遇到这类问题，直接按照绩效改进商业画布的逻辑进行分析和研讨，得出简单有效的解决方案。

（5）本书主要使用BEM框架进行有效的提问。STAR框架是面试官经常使用的提问框架。所谓STAR框架，即情景（Situation）、任务（Task）、行动（Action）和结果（Result）。在面试应聘者的时候，它是一种有效的结构性提问方式。

第二篇

分析：
拨开迷雾

你迷茫的原因在于读书太少，而想得太多。

——杨绛，《走到人生边上》

第二章

揭开BEM的神秘面纱

离职率提升后，要加薪吗

在某公司月例会上，生产车间主任张明提出建议："当前车间作业人员离职率高，队伍不稳定，这将影响重点工程的推进，建议高层实施加薪政策，以稳定员工队伍。"总经理要求人力资源部去了解具体情况，并提出建议。

近期车间作业人员30%的离职率大大超出了原来的水平。人力资源部经理刘浩也察觉到了异常。收到总经理的指示后，他做了详细的分析，发现有50%的离职员工是入职3个月内的员工，在这部分员工中，B工段员工占了80%。刘浩对离职员工进行了深度访谈，并到现场观察才了解到，B工段有一名老员工，年初因违纪受到公司处分而愤愤不平。每次工段有新员工加入，他就私下跟新员工说，B工段添加的一种粉末材料是有毒的，会对生育产生影响。新员工非常担心，没过多长时间便递交辞职报告。了解情况后，公司开除了这名散播谣言的老员工，并在B工段内进行了安全教育，对粉末材料的安全性提供了解释说明，出具了检测报告，解除了员工们的疑虑。不久，车间作业人员离职率恢复到正常水平，重点工程也得以顺利推进。

在这个案例中，针对离职率上升影响重点工程推进的情况，刘浩没有立即执行加薪的方案，而是通过深入分析，对症下药，让员工了解正确的信息，从而降低了离职率。

面对工作中的绩效问题，如果仅按照经验来判断，很容易做出错误的决策。第一章介绍了发现真问题的方法，界定问题后又该如何系统地分析和解决问题呢？绩效改进方法论中有一个非常好用的方法，就是BEM。BEM是绩效分析的利器，它将绩效影响因素分为两大类、6个要素，并且明确了各要素的重要性和优先级，能够用来快速有效地分析绩效问题和创新问题，找到解决绩效问题和创新问题的杠杆，具体要素如表2-1所示。本章将重点介绍BEM的起源与发展。

表2-1 BEM的六要素矩阵

	信息	设备	动机
环境	数据	设备	激励
个人	知识	能力	动机

吉尔伯特和 BEM

托马斯·吉尔伯特（Thomas Gilbert）是绩效改进领域的先驱，被人们尊称为"绩效改进之父"，当前绩效改进领域的很多理论和技术都是以他提出的理论作为基础的。他支持创建了美国绩效改进协会（National Society for Performance Improvement，NSPI，国际绩效改进协会的前身），出版发行了专业刊物《绩效改进季刊》，为绩效改进的发展做出了重要贡献。他先后荣获了行为分析协会终身成就奖、首批NSPI杰出成就奖等荣誉，还入选了首届美国《培训》杂志人力资源发展名人堂，是NSPI第一批终身荣誉会员。正是因为吉尔伯特在绩效改进领域的重大贡献，ISPI在1996年把该协会的"杰出成就奖"更名为"托马斯·吉尔伯特杰出成就奖"。

吉尔伯特在哲学、心理学、心理测量学和临床心理学等方面都有深入的研究。博士毕业后，他曾在哈佛大学与心理学大师斯金纳一起共事，开展行为学方面的研究。之后，吉尔伯特作为一名教学设计师，将训练动物学习的技术和原则纳入人类教育系统中，取得了显著的成果。他主导的一个教学设计项目大幅缩短了肠道变形虫病的诊断时间（从100小时缩短到1小时），从而获得了美国培训与发展协会（现为人才发展协会）奖。这个项目给吉尔伯特带来荣誉的同时，也给他带来了烦恼。美国没有肠道变形虫病，诊断肠道变形虫病的项目在美国没能体现显著的价值，但吉尔伯特为此付出了5万美元的成本。这对他来说是行为学的"胜利"和经济学的"失败"。这促使吉尔伯特在洞察行为的同时，更加关注商业价值。正是行为学和经济学擦出的火花，让吉尔伯特闪现出了BEM的灵感。1978年，吉尔伯特的著作 *Human Competence:Engineering Worthy Performance* 出版，标志着绩效行为工程理论的成熟。该书分别于1996年、2003年和2007年再版，在绩效改进领域有着举足轻重的地位。图2-1是对吉尔伯特个人事迹的概括。

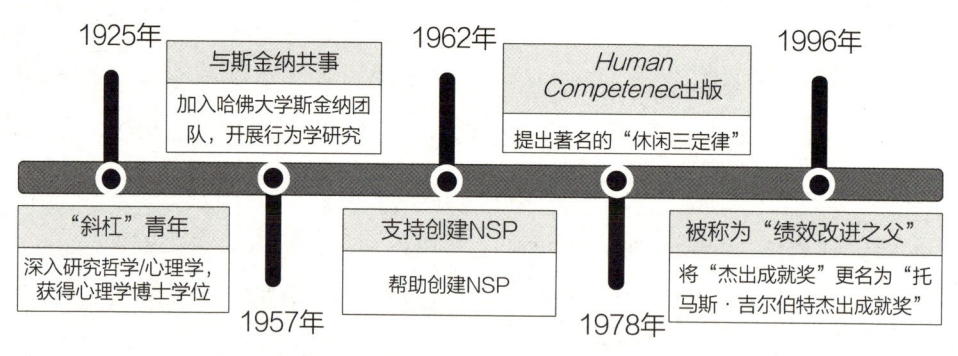

图2-1 托马斯·吉尔伯特个人事迹概括

BEM"休闲三定律"

"休闲定律"的英文为"The Leisurely Theorems"，《牛津词典》将Leisurely一词释义为"闲暇的""慢悠悠的"，《柯林斯词典》将其翻译为"悠闲的""从容的"，《现代汉语词典》将其解释为"闲适自得"，

第二章
揭开BEM的神秘面纱

"闲暇"则指空闲。在我们看来,"The Leisurely Theorems"是一个很难翻译的词汇。如何用中文既能清晰地表述其内涵,又不失去其原有的韵味呢?我们最终将其翻译为"休闲定律","休"在《康熙字典》和《辞海》中被解释为"吉庆、欢乐","闲"通常引申为"范围",有限制、约束之意。从词意的组合上看,"休闲"一词有其特有的文化内涵,它不同于"闲暇""空闲",它既表达了劳作与休憩之间的辩证关系,又喻示着物质活动之外的精神活动。为进一步帮助大家理解其内涵,我们姑且把"休闲定律"理解成"躺赢定律",也许这个解释有点牵强,但能让大家更容易地理解它。同时,我们想提醒大家,这里的"躺赢"并不是真的完全不作为,而是可以借助该定律,四两拨千斤地解决复杂的难题,获得有价值的成果。因此,我们将"休闲定律"定义为"用更小的代价获得更大的成果的思维和方法"。

吉尔伯特用"休闲三定律"深入地阐述了绩效的内涵、衡量及改进。第一休闲定律:首次对绩效下了明确的定义,并利用比值的概念将绩效公式化。第二休闲定律:指出绩效可以通过"将典型绩效水平与榜样绩效水平相比较"衡量当前的能力水平,以及争取更好的绩效机会。第三休闲定律:可用于确定"为了明确地找到人员绩效问题的原因,我们需要关注哪些方面的问题"。接下来我们将结合相关实践,具体阐述和解读这三大定律,以帮助大家更好地理解。

第一休闲定律:价值定律

有人认为绩效是达成的结果,也有人认为绩效是表现出的行为。那么到底什么是绩效呢?先做个练习。这个练习来自哈罗德·斯托洛维奇(Harold Stolovitch)《从培训专家到绩效顾问》一书。在以下各项中,请在你认为仅是行为的项目前写B,在你认为是结果的项目前写A,在你认为是绩效的项目前写P。

创新绩效
BEM本土化解读和最佳实践指南

_____1. 他们跳舞跳到天亮。

_____2. 审计报告完成了,在桌上放着呢。

_____3. 三次挥棒之后,终于打出了一记本垒打。

_____4. 他们针对该案例进行了讨论。

_____5. 他获得了诺贝尔奖。

_____6. 经过无数次药物组合实验,她终于获得了有效配方。

_____7. 多年的努力工作获得了认可。

你的回答是什么呢?

请将书倒过来看参考答案。

答案:
第1、2项和第4项都是行为,只完成了做什么,没有涉及结果。
第2项和第5项是结果,没有说明所需要的行为。
第3、6、7项是结果,包含行为和所达成的结果。

你回答对了吗?如果你都选对了,证明你对绩效这一概念理解得非常好。行为是绩效的必要组成部分,但不能将两者混淆。遗憾的是,很多人经常这样做。把行为和绩效等同,就像混淆了一笔交易和销售员。当顾客走进一家商店时,销售员会主动打招呼,与顾客初步建立友好关系,询问顾客需求等。这些销售行为可能会使销售员卖出商品,也可能不会,所以行为只是手段,并不等于绩效。同样,结果也不是绩效,而只是目的,不是所有的结果或目的都会带来价值。例如,销售员为了卖出商品,用极低的价格(低于成本)售卖商品,卖出的商品越多,亏损越厉害,这样的结果一定不是销售员期望的结果。因此,当你着手设计绩效时,应该从价值的角度来看待它,即把结果看作有价值的结果。这是第一休闲定律的核心观点,它阐述了绩效的内涵,我们也将第一休闲定律理解为价值定律,它可以用公式表示为:

第二章
揭开BEM的神秘面纱

Worthy Performance（有价值的绩效）= Accomplishments（有价值的结果）/ Behavior（行为代价）

该公式可简写为：

$$W = A/B$$

价值定律是理解BEM的关键，其他两个休闲定律都源于第一休闲定律。通过价值定律，你不仅可以找到实现绩效的路径，还能得出7种有关绩效的逻辑，这有助于你找到提升绩效的最优方法。

第一种逻辑：$W = 0/B$

这是绩效为零的一种情况：付出了行为代价，但有价值的结果为零。值得注意的是，产出不等于有价值的结果。如果你的行为不能带来有价值的结果（可能有产出），行为就变成了成本。有句话可以很好地诠释这个逻辑："只有苦劳，没有功劳，就是徒劳。"

第二种逻辑：$W = A/0$

这是绩效为零的另一种情况：产生了有价值的结果，而行为代价为零。这种情况在现实中基本不存在。即使买彩票中了奖，也是付出了行为代价的，只是行为代价极低罢了。我们认为，只有不劳而获的行为才会产生此种情况，这在社会道德层面应予以反对。

以上两种绩效逻辑在现实中并不是我们期望的，接下来看看提升绩效的另外5种逻辑。

第三种逻辑：$W = A/B$（A不变，B↓）

这是我们首先提倡的提升绩效的方式：在资源不变的前提下，降低行为代价。分子不变，分母越小，绩效越高。

当我们开始讲授绩效改进课程时，学员普遍反馈课程内容难度较大，深感绩效改进领域的知识如宇宙般博大，令人敬畏。尽管在课程结束时，学员都会产出有价值的研讨成果，但代价有点大。有学员戏言："每次上完绩效改进课程，我都会发烧好几天，真的太烧脑了。"这引起了我们的深思。绩效改进是一门系统的、有难度的课程，如果能够降低学员学习的行为代价，那么即使其他要素都不变，学习效果也会相应地提升。π模型就是这样酝酿出来的。我们希望在给大家提供简单有效方法的同时，还能降低大家学习的代价。

这里就运用了第三种逻辑，即在资源不变的前提下，降低行为代价，即使有价值的结果不变，绩效也能得到提升。

接着看第四种逻辑。

第四种逻辑：$W = A/B$ （A↑, B↑）

第四种逻辑是：行为代价不变，只要有价值的结果提升了，绩效就可以得到提升。这种情况在现实生活中随处可见。例如，有一批订单需要加急处理，但班组的人手不够，外部招聘不仅代价大，而且新人不一定马上能上手，这时有经验的班组会把自己班组的生手与其他班组的熟手调换，行为代价不变，但有价值的结果会提升。田忌赛马的故事也是第四种逻辑的典型案例。马还是那几匹马，只是在有价值的结果上进行了调整，田忌就赢得了比赛。

再来看第五种逻辑。

第五种逻辑：$W = A/B$ （A↑↑, B↑）

第五种逻辑是分子、分母都变大的情况：尽管行为代价提升了，但如果有价值的结果比行为代价提升得更多，绩效就能够得到提升。例如，公司招募最优秀的人才，尽管他们要求的薪酬福利往往高于公司的正常水平，但对公司而言，在付出较大行为代价的同时，由于优秀人才的加入，公司能获得更有价值的结果。这是公司期望看到的。

接下来看第六种逻辑。

第六种逻辑：$W = A/B$ （A↑, B↓↓）

第六种逻辑是分子、分母都变小的情况：有价值的结果有所降低，但行为代价降低得更多，因此绩效依然可以得到提升。裁员就是典型的第六种逻辑。当然，裁减的人员往往是非一线的高薪人员。尽管他们的离开会对公司产生一定的影响，但短期内对组织运作的影响相对较小，而且高薪人员被裁，成本将大幅缩减，整体的绩效在短期内将得到提升。所以，拿着高薪并不意味着可以高枕无忧，在这个快速变化的世界，只有不断产生有价值的结果，才能应对变化。因此，终身学习必不可少。

最后看第七种逻辑。

第七种逻辑：W= A/B ↑↑↓

第七种逻辑是最"梦幻"的逻辑，也是我们一直特别提倡的逻辑：行为代价不断降低，同时有价值的结果不断提升。顺丰快递单由手写快件信息到扫码填写快件信息的转变就是一个"梦幻"般的逻辑，不仅员工的行为代价降低了，而且准确率和客户满意度都提升了。第七种逻辑是值得深入研究和践行的方式：行为代价不断降低，且有价值的结果不断提升。

现在你对第一休闲定律——价值定律有了更加深刻的理解，接下来我们将阐述第二休闲定律：潜力定律。

第二休闲定律：潜力定律

第一休闲定律提出了重要的观点，即有价值的绩效，并给出了绩效的两个基本维度（有价值的结果和行为代价），那么到底该如何衡量绩效呢？典型的做法是：将个体或群体的绩效与榜样的绩效实例进行比较。假设现在要评价400米游泳比赛参赛者小王的游泳成绩（绩效）的好坏，如果选择奥运冠军孙杨的最佳成绩作为参考标准，发现孙杨仅比小王快20%（速度），这意味着小王的绩效较好。在这个例子中，孙杨是一名绩效很高的游泳运动员（曾获得世界冠军），因此他成为榜样（榜样绩效）。

榜样绩效与典型绩效的比率称为绩效改进潜力（Potential for Improving Performance，PIP），它是第二休闲定律的主要观点。第二休闲定律不仅可以告诉你现有的绩效水平如何，还可以告诉你改进的潜力有多大。因此，可以将第二休闲定律理解为潜力定律，它可以用公式表示为：

$$PIP（绩效改进潜力）= W_{ex}（榜样绩效）/ W_t（典型绩效）$$

榜样绩效（W_{ex}）定义为最优的绩效工作者所能持续达到的最有效益的绩效水平；典型绩效（W_t）定义为一般员工的正常或平均绩效水平。从公式可以看出，典型绩效与PIP成反比。PIP值越大，说明个人或组织有越大的绩效提升空间；PIP值越小，说明个人或组织的能力越强。需要注意的是，PIP是一个衡量机会的指标，并不像IQ测试那样给人设限（意味着很难改变）。恰恰相反，低绩效通常具有很大的潜力，而且PIP为人们提供了一个参考标准来比较潜在机会，从而提高绩效。

第三休闲定律：行为定律

前两条定律是关于如何定义和衡量绩效的，强调关注的重点应是有价值的结果，而非行为。但是，为了更好地达成绩效，必须对行为进行研究。管理者往往更愿意关注行为，因为当绩效表现较差时，员工错误的行为能让管理者免于被问责。因此，当员工绩效不好时，你常常会听到管理者这样解释："他太笨了。""他不用心。""他的态度不好。"如果管理者总是把问题归为上面这些原因的话，他们能做的往往很少。所以不仅需要定义和衡量绩效，还必须有一种方法来确定导致行为差异的原因。第三休闲定律就是从行为的角度分析绩效产生的原因，也可以称之为行为定律，关于行为的定义可以用公式表示为：

$$Behavior（行为）= Personal（行为储备）\times Environment（支持环境）$$

吉尔伯特认为人的行为表现包含两个方面：个人的行为储备和支持环境。举例来说，一名电话销售人员要完成销售任务，除了需要具备行为储备（如销售知识和技能），还需要有支持环境，如客户名单、一台计算

第二章 揭开BEM的神秘面纱

机、一部电话，甚至还需要一些激励措施，如工资、对其工作的认可，从而促使他做出更多的业绩。行为公式告诉人们，当行为不足以胜任工作时，可能是因为行为储备不足，也可能是因为环境支持不足，甚至两者兼有。例如，销售人员业绩差，可能是因为他缺乏销售技巧，也可能是因为客户名单质量差，还可能是因为计算机总是卡顿。因此，可以将行为简单定义为环境和个人的产物，即导致行为的差异可以包含环境和个人两大因素。

在提出行为的定义后，吉尔伯特结合行为学和工程学的基本原理，提出了行为的3个组成部分。

（1）辨别性刺激，告知行动者该做什么，即需要获得的信息。

（2）操作性反应，行动者对辨别性刺激产生的某种反应，即需要的设备。

（3）强化刺激，促使作为反应的行动获得强化的刺激，即相应的动机。

下面举个例子。

晚上回到家，打开门，你通常会做一件事，就是开灯。为什么会开灯呢？首先，家里是漆黑的。其次，门口有开关。最后，开灯后灯亮了，便于你在家里活动。

感受到屋子的漆黑是受到了辨别性刺激。在此情况下，人的操作性反应是打开开关，开关是设备。明亮的屋子又使人开灯的动作得到强化。在该示例中，行为的3个组成部分如表2-2所示。

表2-2 行为的3个组成部分示例

辨别性刺激	家里漆黑的屋子	有人告诉他/她待办事项（信息）
操作性反应	打开开关	以某种方式回应（设备）
强化刺激	屋子亮了	对刺激做出反应的行为会变得更加有力度（动机）

将行为的这3个组成部分与行为定义中包含的两大因素交叉组合，就构成了BEM的雏形，它也是第三休闲定律的核心概念。BEM将导致行为问题

的因素从纵向维度分为环境因素和个人因素两大类，从横向维度分为信息、设备、动机三大类，它们共同反映了与行为相关的6个要素，如表2-3所示。

表2-3　BEM的雏形

	信息	设备	动机
环境因素	数据 • 相关的一定频次的反馈 • 对期望的绩效进行详细描述 • 对达成的绩效有清晰的指导	设备 • 经过科学设计的满足人类工效学要求的各类工具和资源	激励 • 充足的经济福利 • 非经济激励 • 职业发展规划
个人因素	知识 • 经过科学设计的培训 • 特定工作任务提出的知识要求	能力 • 灵活性 • 身体条件 • 物理外形 • 适应力 • 选择	动机 • 对动机的评估 • 招募匹配的人员

为了将BEM作为一种诊断工具，能够通过区分6个因素的优先级找到提升绩效的杠杆，吉尔伯特对BEM雏形进行了完善。他一方面列出了6个因素在诊断时的先后顺序——数据、设备、激励、知识、能力、动机；另一方面扩充了各个因素的具体内容。BEM是绩效改进方法论中的里程碑模型，得到了国内外绩效改进领域专业人员的广泛应用与发展。下面将详细介绍如何运用BEM来分析组织绩效和创新问题，通过改善组织环境因素，使个体行为变得更简单。

BEM在国外的发展

BEM的验证

BEM诞生以后，绩效改进领域的学者、顾问相继在实践和学术中对其进行了验证与研究。2006年，考克斯等对BEM的6个要素的重要性进行了研究，并得出了清晰的权重。该研究很好地验证了BEM以环境因素作为绩效杠杆的观点，BEM也成为绩效系统分析的重要部分。

2010年，科罗斯曼通过实证研究，验证了BEM中信息、资源和激励3个因素对绩效的影响权重，研究结果与吉尔伯特的结论一致。2014年和2016年，BEM的6个要素经过了多次验证。不同的研究人员对这6个因素的影响赋予了不同的权重，但都得出了一个一致的结果：环境因素的重要性大于个体因素（见表2-4）。

除了实证研究，学者还从理论上将BEM与泰勒的科学管理进行了比较，结果发现BEM反映了泰勒的一些理念，科学管理是重要的管理原则，而BEM为其提供了策略和工具。这也验证了BEM的理论价值。

表2-4 BEM 6个因素的影响权重 单位：%

因素	迪恩（1997）	考克斯、弗兰克和菲利伯特（2006）	阿富汗研究（2014）	哈特、奎拉姆和马克（2016）
环境因素	75.6	64.5	59.9	75
信息（数据）	35.3	22.4	22.4	27
资源（设备）	29.0	16.7	10.7	40
奖励（激励）	11.3	25.3	26.8	8
个人因素	24.3	45.5	40.1	26
知识	10.5	18.6	9.6	22
能力	7.5	9.5	12.9	3
动机	6.3	17.4	17.6	1
数据获取形式	体验小组活动	MBA学员评估	问卷+焦点访谈	绩效咨询项目抽样

BEM的优化和演化

随着BEM的实践与理论验证不断深入，它的理念在绩效改进领域得到了广泛认可，BEM在不同的场景和视角下也演化成了不同的新模型。下面主要介绍6个盒子、杠杆模型和SAM模型等经典模型。

6个盒子

1998年，宾德从客户的角度出发，用商业化语言对BEM进行了改进，开发了6个盒子（见表2-5）。6个盒子将BEM中绩效的6个影响因素调整为期望和反馈、工具和资源、后果和激励、知识和技能、选择和分配、动机和偏好，便于绩效顾问与客户进行沟通。

表2-5　6个盒子

环境因素	期望和反馈	工具和资源	后果和激励
个人因素	知识和技能	选择和分配（能力）	动机和偏好（态度）

杠杆模型

2003年，谢瓦利埃将BEM和勒温的力场理论结合在一起，设计了更加便于分析原因的杠杆模型（见图2-2）。在本次优化中，谢瓦利埃根据自己的思考，将6个影响因素的重要性次序进行了微调，由信息、资源、激励、知识与技能、能力、动机，调整为信息、资源、激励、动机、能力、知识与技能。杠杆模型更加形象地体现了6个影响因素的重要性，同时力场分析能帮助人们更直观地了解原因的影响程度。

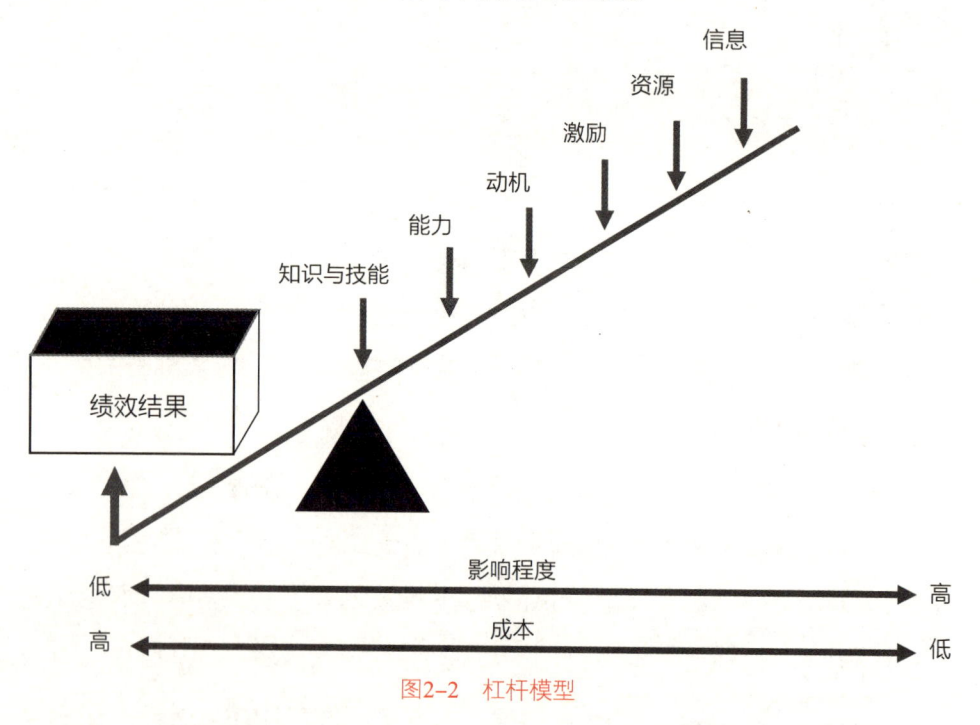

图2-2　杠杆模型

SAM模型

2007年,马克将BEM与环境分析模型相结合,创建了SAM模型(见图2-3),进一步将环境因素细分成外部特征、组织和工作3个层次,同时增加了从组织内部和外部分析原因的视角。

吉尔伯特的BEM层次	这个问题出现在哪个层次	原因是什么		
		信息	工具	动机
环境因素	外部特征	数据反馈	支持、工具、资源	后果、激励、奖励	组织外部
	组织	数据反馈	支持、工具、资源	后果、激励、奖励	组织内部
	工作	数据反馈	支持、工具、资源	后果、激励、奖励
个人因素	工人	知识、技能	能力	动机

图2-3 SAM模型

BEM的多次演化为该模型在绩效改进领域的广泛应用奠定了良好的基础。在BEM的相关研究文献中,最多的还是案例实践,如2001年应用于保险机构客服部门的绩效提升案例、2003年应用于杂货铺的绩效提升案例、2007年应用于军事领域的绩效提升案例等。实践领域涵盖培训、教育、社会管理、员工管理、企业管理等,应用的场景和领域有了进一步的扩展。

BEM在国内的发展

1995年,张祖忻教授将绩效技术引入中国,国内的咨询机构、高校学者相继对其开展研究,提出了各自的观点。BEM的实践从教育领域的绩效研究延展至组织培训和业务绩效提升。在这个过程中,BEM得到了应用、优化和发展,也诞生了不同的理论模型和技术方法。

2020年,易虹和李志山从BEM的视角出发,提出了"重新定义胜任力,从优化工作条件开始"的观点,开发了基于BEM视角的绩效人职匹配

模型（见图2-4）。BEM被广泛应用于组织和人才发展领域。

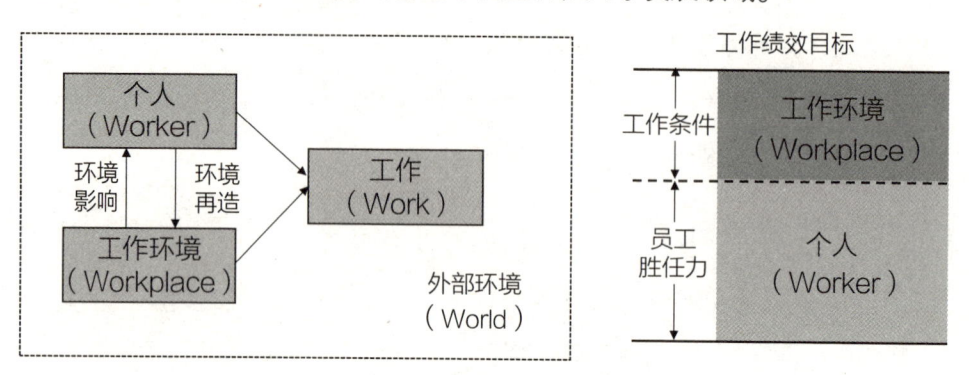

图2-4 基于BEM视角的绩效人职匹配模型

2020年，段敏静在《卓有绩效》一书中，在BEM的基础上设计了员工诊断问卷（见表2-6）和管理者诊断问卷（见表2-7）。这两份问卷简单明了，成为有效的绩效问题诊断工具。

表2-6 员工诊断问卷

影响因素		诊断问题	答案
环境因素	信息	员工是否知道与绩效标准相比，他们的工作做得怎么样	是/否
	资源	员工是否拥有相应的工具与设施来开展工作	是/否
	激励	给予员工的激励是建立在员工工作表现基础上的吗	是/否
员工因素	知识与技能	员工是否拥有足够的知识与技能来开展工作	是/否
	潜能	员工是否具备相应的智力与体力来开展工作	是/否
	动机	员工是否愿意为了获得相应的激励而工作	是/否

表2-7 管理者诊断问卷

影响因素		诊断问题
环境因素	信息	·不告诉员工工作做得怎么样 ·给予员工关于"工作做得怎么样"的误导信息 ·将对员工的工作期望隐藏起来 ·给予员工很少工作指导，甚至不给予员工任何工作指导
	资源	·在设计工作工具之前不咨询或不参考使用者的意见 ·将工具的设计与使用者隔离开来

续表

影响因素		诊断问题
环境因素	激励	·干得好的人和干得差的人获得同样的报酬 ·干得好的人受到惩罚 ·不提供非物质奖励
员工因素	知识与技能	·对员工的培训没有计划性，随机进行 ·让没有受到讲师训练的主管来实施培训 ·把培训内容弄得很复杂 ·培训内容与员工工作没有关系
	潜能	·把工作时间安排在员工状态不佳的时候 ·让不具备某项能力的人去做非常需要这项能力的工作
	动机	·工作让人看不到未来 ·工作环境让人感到不愉悦

2021年，于文浩发表论文《绩效技术的因果观：吉尔伯特的工程学模型》，以因果为主线，系统地分析了BEM的关键概念、模型要素及主要问题。这是中国理论研究者对BEM的深入解读，是对BEM理论研究的重要综述。

2021年，王志刚在《绩效改进商业画布》一书中对BEM进行了更新，将信息从第一层级中独立出来，将其贯穿于六大因素中。并对信息这个因素的获取提出了方法和路径。该变化凸显了数字化时代数据的重要性。

2022年，张邵华和叶韬提出了敏捷绩效改进的"知行合一"双环模型（见图2-5）。该模型基于第二休闲定律中的绩效改进潜力公式，通过聚焦业务场景，对行为进行测量，对关键动作进行梳理，从中萃取知识，指导实践，实现"知行合一"。在该模型中，知识环是知识生产的过程，将隐性知识转化为显性知识；行为环是行为改进的过程，通过行为的追踪、对照和优化，提高行为质量，从而促进绩效提升。

本书在《绩效改进商业画布》更新的BEM基础上做了进一步优化，提出了数字化转型下的BEM，如图2-6所示。新的模型将数据这一因素升级为"数字化"，打破了之前"数据"这一单一因素对绩效影响的局限，积极应对数字化时代转型的必然趋势，引发人们对BEM+数字化转型的思考和探索。

图2-5 敏捷绩效改进的"知行合一"双环模型

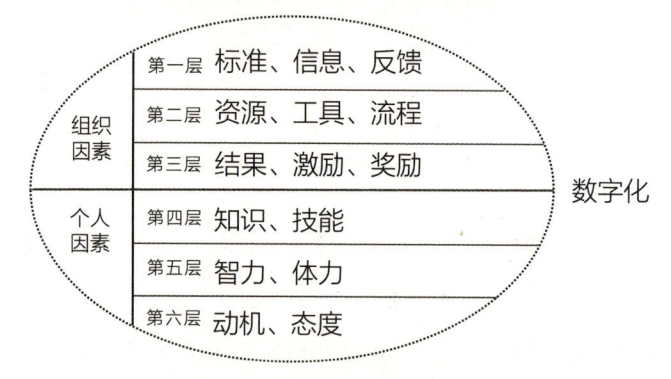

图2-6 数字化转型下的BEM

BEM的研究仍然在继续，对它的持续实践和研究势必推动BEM和绩效改进在中国更好地落地与发展。在本书中，我们也将和大家分享我们对BEM本土化的实践研究的一些成果与感悟。

本章回顾

我们用一些简单的回顾性题目结束这一章。请从括号中选出最适合每句话的词语。

（1）第一休闲定律又称（□价值定律　□潜力定律　□行为定律），其公式为：W=A/B。通过公式可以很清晰地得出，绩效的真正价值来自（□有价值的结果　□行为），而不是（□有价值的结果　□行为），同时提升绩效有（□1　□3　□5　□7）种逻辑。

（2）第二休闲定律又称（□价值定律　□潜力定律　□行为定

律），其公式为：PIP=W_{ex}/W_t，其中W_{ex}指（☐榜样绩效　☐典型绩效），W_t指（☐榜样绩效　☐典型绩效）。

（3）典型绩效与PIP成（☐正比　☐反比），PIP值越大，说明改进的机会越（☐大　☐小）。

（4）第三休闲定律：BEM将绩效问题分为环境因素和个人因素，其中环境因素包含（☐信息　☐工具　☐激励　☐知识　☐能力　☐动机）3个；个人因素包括（☐信息　☐工具　☐激励　☐知识　☐能力　☐动机）3个。

（5）BEM不仅可以指导人们找到绩效问题产生的真正原因，还可以告诉人们影响问题较多的因素是（☐环境因素　☐个人因素）。

回答和解释

（1）第一休闲定律又称价值定律，指出了绩效的核心观点，即有价值的绩效。根据W=A/B这个公式可以很清晰地看出，绩效的真正价值来自有价值的结果，而不是行为，同时提升绩效有5种逻辑，除此之外，还有2种绩效为0的逻辑。

（2）第二休闲定律又称潜力定律，指出了衡量绩效的方法，通过对比测量绩效提升潜力，其公式为：PIP=W_{ex}/W_t，其中W_{ex}指榜样绩效，即最好的绩效工作者所能持续达到的最有效益的绩效水平；W_t则指典型绩效，即一般员工的正常或平均绩效水平。

（3）典型绩效与PIP成反比，PIP值越大，说明改进的机会越大。

（4）环境因素包括信息、工具、激励；个人因素包括知识、能力、动机。

（5）BEM不仅可以指导人们找到绩效问题产生的真正原因，还可以告诉人们影响问题较多的因素是环境因素，而非个人因素。因此，当你把主要精力放在"修理"个人时，结果并不会如你所期望的那样有效。

第三章

BEM第一层：从标准开始？YES！

组织中面临各式各样的需求和问题，遇到问题时，人们习惯用固有的经验和方法解决，有时候甚至会仓促地跳到提供解决方案这一步，这不仅不能解决问题，还可能会导致更大的行为代价。为了避免这种情况的发生，需要对问题进行全面诊断，找到影响问题的根本原因，再针对性地解决。关于组织诊断的工具和方法有很多，本书着重介绍如何运用BEM来诊断组织中的常见问题。在此之前，先通过一个练习来判断你目前的诊断能力。这个练习来自达纳·盖恩斯·罗宾逊（Dana Gaines Robinson）等的《绩效咨询》一书。请判断以下列表中哪些属于症状，哪些属于原因。我们将在本章结束时给出参考答案，你也可以提前翻阅参考答案进行对照。

人们没有按照我们的要求去做，是因为……

症状（√）原因（√）

_____   _____   1. 我们的员工收到了太多的电子邮件。

_____   _____   2. 员工没有收到主管关于他们绩效的反馈。

_____   _____   3. 团队成员之间存在矛盾。

_____   _____   4. 团队成员不知道如何使用我们安装的新软件。

_____   _____   5. 服务工作需要客服专员成为多面手，但这与他们的发展意愿不符。

第三章
BEM第一层：从标准开始？YES！

不知道你是否都选择正确了呢？人们时常因为没有找到真问题而白费力气。吉德林法则指出，当你清楚问题出在哪里的时候，问题就解决了一半。BEM就是一个能够帮助你快速识别和找到真问题的方法。前文介绍了BEM包含组织因素和个人因素，分为6个层级。吉尔伯特认为导致工作绩效欠佳的原因更多的是组织因素（BEM上三层），而非个人因素（BEM下三层）。迪恩经过对BEM各层级的影响进行调查统计，得出了与吉尔伯特一致的观点：组织因素对绩效的影响占75%，而个人因素对绩效的影响占25%。这为我们的研究提供了重要的理论依据：努力"改变"个人，效果并不如人们期待的那样理想。谢瓦利埃于2007年发表了BEM层级影响因素的最新调研数据，调研结果显示，绩效问题中大约75%是由组织因素导致的，其中BEM第一层占35%，BEM第二层占26%，BEM第三层占14%。而个人因素只占25%，组织因素的影响程度更高了。根据吉尔伯特及其他绩效改进专家的研究，BEM中层级越高的因素对绩效的影响越大，修正起来越容易。BEM最棒的地方是告诉人们思考问题的层级关系，即永远从第一层开始思考，而不是从看到的某一层来思考。学习和理解BEM最重要的一点是，分析下一层的原因解决不了上一层的问题。因此，本章将聚焦组织因素而非个人因素进行诊断分析。我们将结合自己在国内的应用实践和经验总结，从BEM第一层开始诊断。

核心概念

标准

BEM第一层的第一个因素是标准。什么是标准？近百年来，关于标准的定义可谓众说纷纭，有不少研究者给它下了定义。随着时间的推移和技术的进步，标准的定义也在不断发展和完善。1996年，国际标准化组织与国际电工委员会联合发布第2号指南，该指南对标准做了如下定义："标准是为在一定范围内获得最佳秩序，对活动或其结果规定的共同的和重复使用的规则、指导原则或特定文件。该文件经协商一致制定并经公认机构批准。"

根据该定义可以得出，标准本质上是一种统一规定，是行为的准则和依据。通过将产品标准化，可以使组织快速复制，且保持相同的品质。以麦当劳快餐的标准化为例，麦当劳通过对炸炉设定标准化的温度和时间，对佐料设定标准化的分量，可以让一个毫无烹饪经验的新员工不到半天就能熟练操作，麦当劳由此成为餐饮界的"巨无霸"。标准化的其中一个重要原理是统一原理，即人们对标准的理解和执行是统一的。

在一次培训沙龙中，有位培训伙伴分享了一个案例。她接到公司客服总监的培训需求。客服总监认为客服主管每天都开早会，但仍然开不好，所以想让她给这个部门培训"如何开会"。她接到需求后，就开始询问客服总监："你为什么认为他们不会开早会？是发现什么问题了吗？"客服总监回答道："我看见他们每次开早会时都站得参差不齐……"通过继续沟通，她才知道客服总监认为"会开会"的标准之一就是"开会时需按身高从高到低一字排开地站位"。如果客服主管了解了客服总监的"会开会"标准，按照这个标准来执行，就能满足客服总监的期待。

标准的关键：定义得清晰明确

标准无处不在，企业和组织中的标准化应用聚焦于为完成工作事项所制定的工作标准。因此，这里的标准特指工作标准。工作标准是针对工作的责任、权力、范围、质量要求、程序、效果、检查方法、考核办法所制定的标准，根据对象及范围的不同，可分为组织标准和部门标准。组织标准是对组织内或若干部门的主要工作制定的通用的工作程序标准，包含公司管理规章、人事规则及政策、岗位说明书、考核报销规定等。部门标准是对各部门和岗位的工作范围、责任、权限及工作质量等所做的规定，具体包括以下内容。

（1）明确规定部门或岗位的工作范围、主要职责和权限。

（2）明确规定完成各项工作任务的数量、质量及时间要求。

（3）明确规定完成各项工作任务的科学程序和具体方法。

（4）明确规定与相关部门或单位的联系方式及信息传递方式。

（5）具体规定实施工作标准检查与考核的原则和方法。

在组织中，标准的执行情况至关重要。要确保标准执行到位，需要先界定清楚标准的对象和内容，并清晰明确地定义标准。

有位朋友担任一个多部门协作项目的负责人，他需要每天向公司高管汇报项目进展。因为项目涉及多个部门，他需要先汇总各部门的数据，然后才能开始制作日报。每天总有人需要被多次催促才会提交数据给他，而且要么提交的内容不完整，要么提交的格式不统一……他每天都要加班到很晚才能将日报发给老板，有时还因为数据有误而被老板批评。他很苦恼，也非常委屈，跟我们聊天时说想退出项目。我们听了之后，就问他："各个部门在提交数据时，你有提出清晰、明确且统一的提交标准吗？如什么时间交、提交哪些内容、数据要符合什么逻辑、格式要求是什么、以什么形式提交等。"他回答："我有说提交的要求，但是确实没有你们说得那么清晰和明确。"后来他针对各部门提交的内容制定了详细的标准。从此之后，他就很少再加班加点做日报了，而且日报的准确度大幅提高。

工作中这样的案例比比皆是，每个人对工作的理解和处理方式都不同，所选择的方法也不尽相同。那么，如何确保大家的工作结果都符合公司的目标呢？这就需要有清晰明确的工作标准，并保证所有人对它的理解是一致的，而不是自以为的。要想定义清晰明确的工作标准，就需要将标准进行量化。例如，麦当劳要求员工洗手必须达到20秒，20秒就是量化的标准。但很多时候标准无法被量化成具体的数字，此时则需要将标准行为化。例如，有的公司对员工制定的工作标准是"要有较强的执行力"，这里的"较强""执行力"就不够清晰明确，做到什么样才叫作"较强"？执行力又怎么理解？可以将"较强""执行力"行为化，将"要有较强的执行力"定义为"每次都能在规定的时间内完成自己的工作任务,凡事有交代,件件有着落,事事有回应",这就比"要有较强的执行力"清晰得多,员工也知道该如何做才能达到这个标准。标准的行为化需要将抽象的概念具象化,而做到这一点往往有些难度。所以在工作中,当管理者不知道如何描述标准时,就会出现诸如"高大上""到位""勤奋"等这些无法被清晰明确地定义的标准。这时,管理者就要耐心地思考期望达成的目标是什么、是否有过往的成功案例,以及实现目标的路径是什么等。通过对以上问题的思考与分析,管理者就能将模糊的标准定义得更加清晰和明确。

接下来看BEM第一层的第二个因素:信息。

信息

著名科学家阿尔文·托夫勒(Alvin Toffler)在其著作《第三次浪潮》中写道:"人类社会经历了'农业革命''工业革命'两次浪潮后,进入第三次浪潮——'信息革命'。"在信息时代,信息将取代能源和资本,成为推动经济社会发展的核心战略资源。托夫勒曾预言:"谁先掌握了信息,谁就能拥有整个世界。"信息无孔不入地渗透到人们工作与生活的各个领域。在企业内,管理的核心是决策,而决策的核心是拥有充分的信息。信息可以提高决策效率,可以规避风险,甚至可以为企业创造更好的产品和服务……信息的作用越来越大。

信息的关键:分类得清楚有效

在信息爆炸的时代,信息的获取不再是难题,但也面临新的挑战。人们每天都可以获得大量的信息,但这些信息对决策来说并不都有价值,有时候反而带来了更多成本,甚至让人们陷入"信息茧房"的陷阱。"信息茧房"的概念最早由哈佛大学教授凯斯·桑斯坦(Cass Sunstein)在其2008年出版的《信息乌托邦》一书中提出。他指出,公众会根据自己的喜好与兴趣来选择所接收的信息,而在这种不知不觉的浏览与选择中,公众

第三章
BEM第一层：从标准开始？YES!

会将自身桎梏在自我选择的信息范围内，"出现了个人像蚕蛹一样被信息所束缚的情况"，这种现象称为"信息茧房"。例如，在抖音上浏览时，抖音会根据你的点赞与收藏向你推送感兴趣的视频。久而久之，当你再次打开抖音时，首页推送的都是你之前喜欢的视频类型。面对如汪洋大海一般的信息，如何才能快速找出与决策问题相关的有价值的信息？如何避免陷入"信息茧房"？这就需要你能够对信息进行分类，信息分类的目的除了让你快速找到有用的信息，更重要的是让你知道需要获得哪些信息。如何做好信息分类？可以遵循不重不漏（Mutually Exclusive Collectively Exhaustive，MECE）原则。这里介绍两种常见的分类方法。

1. 结构法

每件事物都有自己的结构，结构法就是把事物看作一个整体，并将其拆分为不同的构成部分，说明事物各个方面的特征。其结构可以是从上到下、从外到内、从整体到局部等。同样，面对海量的信息，你可以按照某个结构逻辑对信息进行分类。例如，公司获取客户信息越来越便捷，很多公司都有客户信息收集系统，但是面对海量的客户信息，并不是所有的公司都能够高效地利用这些信息，做好客户信息的分类。栀敏咨询是上海一家知名咨询公司。该公司对客户信息按照关联程度进行了分类，如表3-1所示。该公司将客户分成六大类，并对每类客户信息进行了明确的定义。通过分类，可以帮助该公司员工识别目前的客户类型，同时让员工知道要想进一步加强客户关系，可以朝哪个方向努力。

表3-1　客户信息分类

层级	关键词	定义	验证动作
第一层	认识	在任何场合，当你提及自己和自己所从事的服务时，客户都有一定的了解	典型动作：愿意加微信 具体描述：有微信、有手机号、见过面、有一定的印象

续表

层级	关键词	定义	验证动作
第二层	好感	你或你所从事的服务比较符合客户的期望。客户愿意把你当成朋友，对你有较好的印象，认为与你接触很安全，愿意和你分享一些工作信息	典型动作：愿意聊工作 具体描述：较频繁地聊工作上的事，偶尔也会分享一些私人信息，愿意接受顺路拜访或喝咖啡的邀请等
第三层	信任	你对客户的口头承诺或书面承诺都能兑现，能让客户对你产生较好的信任。客户愿意将大订单交给你，相信你能完成他的要求并且完成得很好	典型动作：愿意分享私事 具体描述：愿意分享工作或生活中的困惑，愿意优先告知他们的需求，适度分享与需求有关的关键信息
第四层	价值	在建立好感和信任的基础上，让客户感觉到你的价值。不仅要对客户的业务有帮助，还要让你的价值成为客户个人的价值，这样客户的选择大概率就是你	典型动作：愿意主动分享需求 具体描述：愿意在需求的推进上帮助你分析各种利弊，引荐关键人，并分享与需求有关的关键信息
第五层	情感	与客户建立情感银行账户。如同真正的银行账户一样，你投入得越多，能支取的就越多，当你的投入积累到一定程度之后，你甚至可以透支。而有别于真正的银行账户的是，情感银行账户的情感积累需要从点滴做起，日积月累	典型动作：愿意主动给予帮助 具体描述：愿意长期主动了解你的困难，并为此做出一定的努力，或者告知关键信息，并帮助你在竞争中获得胜利
第六层	共赢	共赢是一家公司实现更长远的规划、拓展发展前景和促进资源互换的策略。远景和战略是此层次的关键，分红、资源整合、共同发展的方向是衡量该层次的标准	典型动作：愿意向你推荐他人 具体描述：愿意与你结成同盟，向你介绍人脉资源，并且愿意推动你的业务发展

2. 二分法

二分法就是把信息分为两大类，非此即彼。这种方法在日常生活中比较常见，其实就是把信息分成 A 和非 A 两部分。例如，把手机分为智能手机和非智能手机，把人分为已婚和未婚，把工作分为全职和兼职，等等。

第三章
BEM第一层：从标准开始？YES!

在此基础上，还可以将二分法叠加使用，在二分的基础上再进行二分。例如，用来管理时间的时间管理矩阵，就是将信息先分成重要和不重要两类，再分为紧急和不紧急两类，最后得到一个四象限分类。这种分类方法在工作中也很常见，在做决策时，人们通常会将各类信息按照几个维度进行分类，最终筛选出最有价值的决策。图3-1就是一个利用二分法进行分类的典型示例。

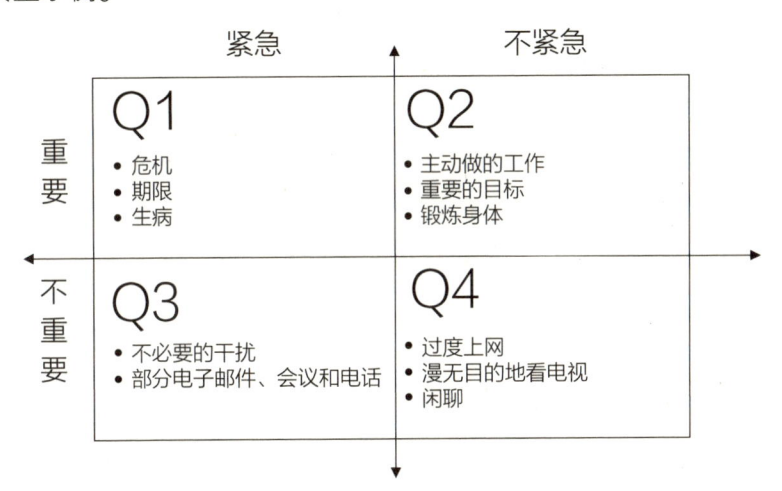

```
              紧急                 不紧急
         ┌──────────────┬──────────────┐
         │ Q1           │ Q2           │
    重   │ • 危机       │ • 主动做的工作│
    要   │ • 期限       │ • 重要的目标 │
         │ • 生病       │ • 锻炼身体   │
         ├──────────────┼──────────────┤
    不   │ Q3           │ Q4           │
    重   │ • 不必要的干扰│ • 过度上网   │
    要   │ • 部分电子邮件、│ 漫无目的地看电视│
         │   会议和电话 │ • 闲聊       │
         └──────────────┴──────────────┘
```

图3-1　利用二分法进行分类的典型示例

信息是做好决策和完成各类事务的核心资源，而对信息进行分类是人们认识事物并对其进行有效管理的最基本的方法。信息分类需要符合MECE原则。利用以上两种方法可以做到分类"不重不漏"。利用MECE原则不仅可以对全部信息进行归类整理，还可以激励人们不断创新，想出好点子，开阔思路和视野。因此，对于BEM第一层信息因素，关键在于分类，分类的关键则在于能够清楚地定义分类方法，并根据分类方法清楚有效地告知或获取相关信息。

接下来看BEM第一层的第三个因素：反馈。

反馈

身在职场，"反馈"一词可能经常被提到。你会收到来自客户、

创新绩效
BEM本土化解读和最佳实践指南

领导、同事、下属的各种反馈，但大多数时候反馈好像并没有获得"好评"。你是否经历过这样的情形：有的人在反馈时，只顾发泄个人情绪，指责或谩骂他人；有的人平时默不作声，却在某天突然爆发，让他人一头雾水；还有的人不直接跟当事人反馈，而是向别人吐槽，再一传十、十传百地传到当事人那里……这样的反馈很难发挥作用。要想让反馈发挥作用，需要懂得如何科学地反馈。反馈最重要的是及时，在及时的基础上确保反馈内容清楚有效。

很多公司都有年度绩效考评，考评结果会与员工的年终奖金挂钩。管理者往往会在发奖金前与员工进行绩效反馈沟通。在反馈时，常常会出现这样一幕：员工觉得自己做得很好，管理者却觉得员工有很多需要改善的地方，并给出了改善建议。员工往往很难接受这些反馈，认为考评结果不公平，感觉受到了伤害，哪怕问题是真实存在的。这种负面情绪会破坏员工与管理者之间的信任关系。而出现这种情况的原因往往是管理者没有进行及时反馈，将员工的问题"攒"了一年再反馈，这样不仅不能帮助员工改善，反而会引发与员工之间的信任冲突。

在职场中，下属非常想要的，管理者最容易给却往往忽略的，就是反馈。著名领导力学家杰克·曾格和乔·福克曼曾经研究反馈与领导力之间的关系。他们选取了50 000名领导者，给这些领导者的"主动寻求反馈"能力打分，得分前10%的领导者在整体领导力上的成绩超过了86%的人，得分最后10%的人，其整体领导力成绩也排在最末的15%。另一项针对员工的调查显示，超过70%的员工认为如果得到更多的反馈信息，他们的表现会有所改善；98%的员工在得不到足够的反馈或没有反馈的情况下会产生消极的感受或挫败感。从这两组数据中可以看出，反馈和领导力、员工绩效之间存在密切的关系，能够给予及时有效反馈的管理者，其领导力更高，员工的绩效也会改善。

反馈的关键：选择有效的时机

这里的有效是指反馈对执行的任务或目标有积极的影响。从反馈的时机安排来划分，反馈可分为即时反馈和延迟反馈。即时反馈是指在完成任务的过程中，执行者能够立即得到关于其表现的反馈。这种反馈的有效性体现为及时。这种反馈是实时的，能够对反馈对象的行为进行纠正或强化，让对方感到安全和舒适。人们之所以热爱玩游戏，是因为游戏的即时反馈让人们有动力持续专注下去。在工作中，领导者若希望员工能够快速掌握某项技能或采取某项期望的行为，就可以通过即时反馈让员工立即知道结果，及时进行调整，持续改进。反馈得越及时，员工越容易改正。因此，我们强调即时反馈的有效性更多地在于反馈的及时性。

延时反馈是指执行者在完成任务后才得到反馈。这种反馈的有效性体现为延时。延时反馈虽然不能及时纠正错误或提供改进机会，但可以避开不合适的反馈时机，也可以对任务过程提供更详细的分析和评估，保证反馈的效果。例如，当双方都存在情绪问题时，可以适当地延迟反馈的时间，在双方情绪稳定时进行反馈沟通更有利于结果的达成。在面对复杂的问题时，多给员工一些个人思考和复盘的时间，再给予他们反馈，会给他们带来更大的成长。因此，恰当的延迟反馈会带来更有效的反馈成果。

应用工具

在第一章中，我们提出组织问题有四大类：业务问题、环境问题、行为问题和能力问题。确定了真问题之后，就可以用BEM进行诊断分析。一个完整的诊断路径（π模型）包括：定问题—BEM诊断分析—创新方案（见图3-2）。当用BEM进行诊断分析时，需要先从BEM第一层开始。这里介绍一个实用的诊断工具：YES模型。这个工具可以帮助你找到BEM第一层影响绩效的重要因素是什么。

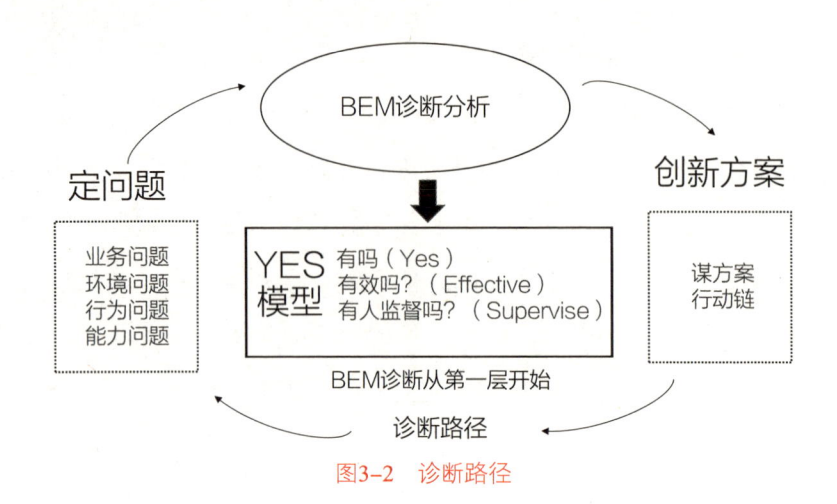

创新绩效
BEM本土化解读和最佳实践指南

图3-2 诊断路径

实战工具：YES模型

YES模型（见表3-2）是一个很有用的工具。它不仅能引导你找出BEM第一层具体哪个因素存在问题，还能够明确每个因素具体存在什么问题。对BEM第一层的整体要求是清楚有效。怎样才能做到清楚有效？YES模型通过对BEM第一层的3个因素进行3个维度的诊断提问，可以帮助你识别这3个因素是否清楚有效，从而找出问题的根本原因。

这3个维度如下。

- 有吗（Yes）？
- 有效吗（Effective）？
- 有人监督吗（Supervise）？

表3-2 BEM第一层诊断工具：YES模型

第一层因素	YES模型	问题清单	是	否
标准	有吗 ｜ 有效吗 ｜ 有人监督吗	Y：有标准吗		
		1. 组织工作标准		
		2. 部门工作标准		
		E：标准有效吗		

续表

第一层因素	YES模型	问题清单	是	否
标准	有吗 │ 有效吗 │ 有人监督吗	1. 是否容易理解		
		2. 是否获得认可		
		3. 是否达到标准		
		S：有人监督标准的执行吗		
		标准的执行结果是否有人监督		
信息	有吗 │ 有效吗 │ 有人监督吗	Y：有信息吗		
		1. 是否对信息进行了分类		
		2. 是否根据分类获得了/告知了相关信息		
		E：信息有效吗		
		1. 是否及时		
		2. 是否准确		
		S：有人监督信息的获取吗		
		信息的获取是否有人监督		
反馈	有吗 │ 有效吗 │ 有人监督吗	Y：有反馈吗		
		1. 是否给予了及时反馈		
		2. 是否给予了延迟反馈		
		E：反馈有效吗		
		1. 是否具体		
		2. 是否有建设性		
		3. 是否容易理解		
		S：有人监督反馈结果吗		
		反馈的执行结果有人监督吗		

诊断是从BEM第一层开始的。当运用YES模型进行BEM第一层诊断时，需要从BEM第一层的第一个因素开始。为了帮助大家更好地使用YES模型，我们将诊断路径通过流程图的形式展现出来，如图3-3所示。同时，为了帮助大家更好地理解YES模型，我们将按照每个因素，结合问题清单和案例逐一进行诊断。

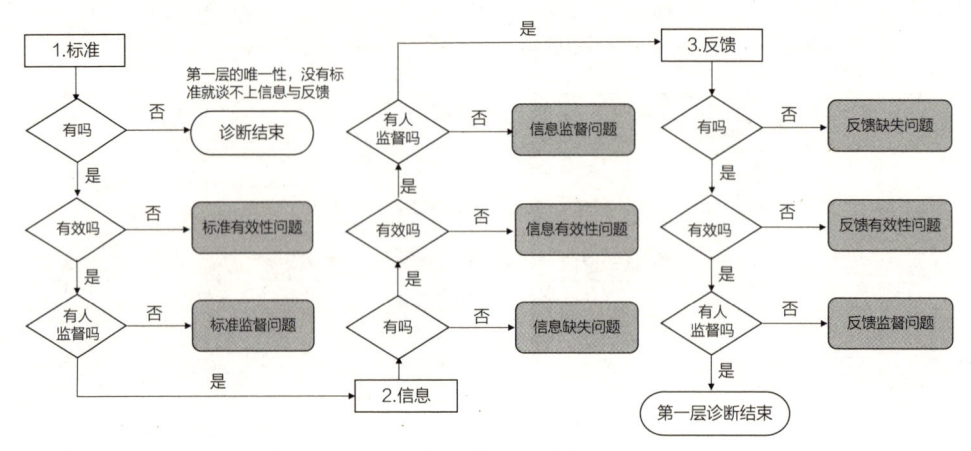

创新绩效
BEM本土化解读和最佳实践指南

图3-3　BEM第一层诊断流程

标准因素诊断

发现绩效问题时，首先从标准因素开始诊断。对于标准，最重要的是定义要清晰明确。可以通过以下几个问题进行诊断。

1. 有标准吗

这里的标准指工作标准，包括组织标准和部门标准。组织标准（如规章制度）是面向所有员工的统一标准，通常需要公司高管制定。部门标准包括各个部门或岗位的工作职责、权力、工作范围、质量要求、程序、检查方法、考核办法等。首先识别是否有以上工作标准，若都没有或部分有，则问题的原因可能是没有建立标准。若诊断出没有标准，则第一层诊断就可以结束了。因为如果没有标准，工作就无法被衡量，哪怕你获得了工作所需要的全部信息，有及时有效的反馈，也无法判断绩效的好坏。在管理中，管理者布置任务时，常常没有向员工明确交付标准，当员工交付时又不满意交付质量，让员工不断返工。这样做不仅导致效率低下，还会引起双方的不满和抱怨，甚至导致员工离职。因此，对BEM第一层进行诊断时，应先判断是否有标准，无标准则先建立标准再进行诊断，有标准则继续诊断。

2. 标准有效吗

如果有标准，可以接着问："这个标准有效吗？"很多时候组织可

第三章
BEM第一层：从标准开始？YES!

能有标准，但标准不够清晰明确，不容易理解，或者不被大家认可，不容易达到。例如，经常有管理者抱怨员工执行不到位。执行什么？什么是到位？对标准定义得不够清晰明确，员工就很难理解。还有些标准制定得过高，员工很难达到，因此很难认可。这样的标准都不是有效的。

3. 有人监督标准的执行吗

如果有标准且标准有效，那可以继续追问："标准的执行结果是否有人监督？"有时，组织有标准且标准清晰明确，但没有人监督标准的执行情况，没有人监督意味着做得好坏都无所谓，从而导致最终的结果不理想。我们曾经接到某组织"提升管理者辅导技巧"的培训需求，诊断后发现问题在于辅导后员工没有按照辅导的标准去做，而员工没有做的原因是管理者并没有监督标准的执行情况。

信息因素诊断

如果标准因素经过诊断确认没有问题，可以继续诊断信息因素。对于信息，最重要的是分类要清楚有效，同时确保信息获取准确和及时。具体诊断问题如下。

1. 有信息吗

员工是否拥有实现最佳绩效的全部信息？

如何判断员工是否拥有全部信息呢？需要先对信息进行分类，上文介绍了两种信息分类方法，在诊断时可以根据具体问题确定某种信息分类方法，再诊断各类信息是否已经获得。

2. 信息有效吗

如果有信息，可以接着问："获取的信息是否有效？"确定了工作所需要的相关信息后，可以继续了解所获取的信息是否准确和及时。一个常见的管理问题是：员工无法快速适应组织的变革。我们在用YES模型诊断信息因素时发现，在组织变革前期，管理者很少向员工及时同步相关信息；在传达组织变革信息时，管理者也只告知员工变革的执行内容，而不会告诉员工为什么要变革、变革会产生什么样的影响等。因为信息的获取不及时、不准确，所以员工很难快速适应组织的变革。

3. 有人监督信息的获取吗

若有信息且信息有效，那可以继续追问："对于信息的获取和使用，是否有人监督？"只有有人监督执行过程，才能知道信息的获取是否及时，信息是否准确有效。

反馈因素诊断

如果标准因素、信息因素都没有问题，可以继续诊断反馈因素。对于反馈，最重要的是反馈时机的选择，但无论何种反馈时机，都需要有效。具体诊断问题如下。

1. 有反馈吗

员工是否能够获得与工作相关的反馈？反馈是否参照标准对工作结果/行为进行了评价？

如果没有反馈，员工就不知道自己工作过程和结果的好坏，如哪里做得好，好在哪里，以及哪里做得不好，不好之处又该如何改善等。因此，首先要判断是否给予了员工工作反馈。反馈可能是即时的或延迟的。若要求员工持续提升技能或改进行为，需要给予即时反馈；当反馈双方存在情绪问题或反馈的问题本身特别复杂时，可以给予延迟反馈，以提高员工的自我反思能力。

2. 反馈有效吗

如果有反馈，可以接着问："反馈信息对员工改善工作绩效有效吗？"有效的反馈是指反馈有助于员工持续进步或改进。若给予反馈后，员工仍然没有任何改变，则需要反思反馈的内容是否具体，是否容易理解和具有建设性。例如，你让下属提交一份项目方案，下属提交后你却迟迟没有反馈，等到你抽空反馈时，仅说了一句："方案不够新颖完整，需要重新调整……"下属一片茫然地回去修改，最后的结果可想而知。

3. 有人监督反馈结果吗

若有反馈且反馈有效，那可以继续追问："反馈的执行结果是否有人监督？"如果反馈后没有人监督执行情况，最后也可能功亏一篑，造成绩效问题。肯·布兰佳（Ken Blanchard）曾说过："反馈是冠军的早餐！"只有给予及时、清晰、有效的反馈，才能使员工不断成长和进步。团队成长的速度取决于管理者的反馈意识。

通过YES模型诊断，可以逐一找出BEM第一层影响绩效的关键因素，以及问题产生的具体原因，从而有针对性地解决问题。下文将通过一个完整的实践案例向大家介绍如何运用YES模型进行诊断，帮助大家更好地运用该工具。

教练技巧

在使用教练技巧开始诊断BEM第一层时，需要理解"BEM第一层具有唯一性"这一重要概念及"有效对话框架"的提问诀窍。

BEM第一层的唯一性

BEM第一层的唯一性是指在对某个原因进行分析时，如果标准存在问题，就无须再讨论信息因素、反馈因素的问题。换句话说，若没有标准或标准不清晰，哪怕信息再及时准确，反馈再及时有效，也无法衡量出最终的结果。例如，员工提交周工作报告，第一周你向他反馈："写得很棒，逻辑清晰，结论明确。"第二周员工给你提交了类似的报告，你却反馈："写的什么？乱七八糟的，重新写。"员工就会很困惑：你对报告的评估标准到底是什么？反馈难道只是看心情吗？所以在诊断绩效问题时，需要从标准开始诊断，先判断是否有统一的标准，再判断标准是否清晰。确定标准因素没有问题之后，再分析信息因素和反馈因素。请谨记，BEM第一层的唯一性是指从标准因素开始诊断。

有效对话框架

在诊断时需要进行有效的对话，你可以使用"有效对话框架"的提问诀窍来使对话更有效，如表3-3所示。要做到有效对话，需要把握3个原则。

- 提问需要有框架和方向：可以运用BEM第一层的3个因素，围绕YES模型的3个维度进行提问。
- 充分聆听：聆听时不要打断对方的话，也不要帮对方接话，对于听到的内容不要轻易下结论，要引导对方思考。
- 提问需要引导对方发现事实：可以通过追问让当事人识别模糊的、演绎的信息背后真实的内容。

表3-3 有效对话框架

有效对话原则	有效对话技巧	关键问题
提问需要有框架和方向	基于BEM第一层的3个因素，围绕YES模型展开提问	1. 有标准吗？标准有效吗？标准有人监督吗 2. 有信息吗？信息有效吗？信息有人监督吗 3. 有反馈吗？反馈有效吗？反馈有人监督吗
充分聆听	不打断别人的话，避免帮对方接话，不轻易下结论，不带偏见，引导对方思考	1. 你的意思是…… 2. 我理解的是…… 3. 你刚刚说的内容能展开说一下吗 4. 还有吗 ……
提问需要引导对方发现事实	识别模糊的、演绎的信息背后真实的内容，不断引导当事人描述事实	1. 你期望的目标是什么 2. 现在的情况如何 3. 具体指什么 4. 你是怎么定义的 ……

第三章
BEM第一层：从标准开始？YES！

实战案例：BEM第一层诊断问题

林恩是一名人力资源业务合作伙伴，其所在业务部门近半年来绩效不理想，人员流失率也较高。她很清楚，目前部门面临的最大问题是无法按照原计划完成业绩目标。业务总监希望她能够与外招的业务负责人一起解决这个问题。业务负责人入职后发现公司整体人员结构较新，基层管理者管理能力薄弱，希望通过外招优秀的业务主管提高员工的岗位胜任能力，以解决绩效不理想的问题。但当地招聘难度较大，迟迟无法招聘到合适的人员。基于这一现状，业务总监认为解决这一问题的关键是尽快制订人员提升方案，但业务负责人迟迟未能交出令人满意的方案。因此，业务总监找到林恩，希望她可以给业务负责人提供一些管理方法论上的支持和帮助。以下是林恩与业务负责人的对话过程。

林恩：刚才咱们对目前面临的真问题已经达成共识，即部门需要在年底前完成原定业绩目标，从当前的60%提高到年底的100%。

业务负责人：是的。这是咱们部门真正面临的难题。

林恩：那你觉得导致这一问题的原因有哪些？

业务负责人：原因非常多……但我认为最根本的原因是业务主管缺乏管理逻辑和思维，大部分业务主管缺乏管理力度。所以今天想请你帮忙给业务主管们搭建胜任力模型，了解他们的能力，有针对性地提高他们的管理能力。

（林恩很清楚业务负责人直接跳到了提供解决方案这一步，而没有具体分析导致业绩不达标的真正原因有哪些。她不能跟着业务负责人的思路走，而是要按照提问逻辑和BEM的层级一步步将真正的原因找出来。）

林恩：理解。咱们先不急着搭建业务主管的胜任力模型。我比较好奇的是，你刚刚提到了管理逻辑和思维，这里的"管理逻辑和思维"具体指的是什么？

（林恩先抓住相对客观的关键词进行提问，避免双方的理解不一致。）

创新绩效
BEM本土化解读和最佳实践指南

业务负责人：就是他们能够及时发现问题；能够提前部署工作并准备到位；能够解决问题，并且结果能够得到明显改善。（有标准。）

林恩：那怎样才算及时？你觉得什么样的表现可以被看作"到位"？结果改善到什么程度可以被视为明显呢？

业务负责人：例如，上个月的问题上个月月末前就应该做好改善计划，这个月月底前做好下个月的人力规划。如果落后的结果达到前50%的水平，就算实现了明显的改善……

（有标准，则可以继续提问，深挖标准是否有效。林恩从业务负责人的回答中看到对业务主管的要求是清晰且明确的，BEM第一层的标准因素没有问题，需要确认信息是否清楚有效，因此需要继续引导。）

林恩：嗯，这就很清晰了。你刚刚说的这些要求，业务主管都了解吗？

业务负责人：之前跟他们说过，可能没有那么详细。（信息告知不清楚。）

（到这里，林恩确定，"业务主管缺乏管理逻辑和思维"的真正原因是部门负责人没有清晰地告知他们相关要求。）

BEM第一层具有唯一性的特点。通过以上对话，林恩发现了真正的原因是信息告知不清楚，因此不需要在BEM第一层反馈因素上继续寻找"业务主管缺乏管理逻辑和思维"的原因。同样的道理，如果在本案例中，林恩一开始就发现没有相关标准或相关标准不够有效，那么"业务主管缺乏管理逻辑和思维"的真正原因是部门没有相关标准或相关标准不够有效，就不需要在BEM第一层的信息因素和反馈因素上继续探索原因。

假设BEM第一层信息因素也没有问题，则可以继续探索BEM第一层反馈因素的问题。对话如下。

林恩：对于执行上有问题的业务主管，你会给予他们及时的反馈吗？

（围绕BEM第一层反馈因素展开提问，确定是否有反馈。）

业务负责人：我会找到他们沟通了解情况。（有反馈。）

第三章
BEM第一层：从标准开始？YES!

林恩：那你一般什么时间反馈？怎么开展反馈？

业务负责人：有的……

（先判断反馈是否及时、有效，业务负责人的回答说明反馈是有效的，那么需要知道是否有人监督执行。）

林恩：对于沟通后的改善情况有人监督吗？

业务负责人：目前还没有人监督。

（说明真正的原因是反馈后没有人监督执行情况，这是"业务主管缺乏管理逻辑和思维"的真正原因。）

林恩：我们发现了真正的原因，接下来该怎么做？

业务负责人：嗯，貌似现在不需要急着搭建业务主管的胜任力模型，而是反馈监督上出现了问题。对于原定的工作执行标准，我们没有监督业务主管的执行情况并给予他们及时的反馈，这是问题的根本原因。

林恩：太好了。你已经有了很清晰的思路。业务主管在工作中的问题并不一定是能力问题，可能是我们没有给他们清晰的标准；也许给了标准，但标准不一定有效；如果标准清晰且有效，员工还没有做好，那可能是没有人给予反馈，没有人监督。

因此，在BEM第一层的教练技巧上，要充分理解BEM第一层的3个因素具有唯一性特点。同时，使用YES模型构建提问的框架，充分聆听，在提问过程中避免对话中的演绎部分，可以通过关键词提问等方式，引导对方发现演绎背后的事实。

本章回顾

我们用一些简单的回顾性题目结束这一章。请从括号中选出最适合每句话的词语。

（1）BEM第一层的关键词是（☐清楚有效　☐简单有效　☐整体性和一致性　☐唯一性）。

（2）标准可分为（☐组织标准　☐部门标准　☐管理标准），对工作标准来说，最重要的是（☐将标准量化　☐将标准行为化）。

（3）信息时代，信息将成为除能源和资本外的另一项核心资源，对于信息因素，关键在于（☐获取　☐分类　☐记忆）。

（4）反馈因素的关键在于（☐反馈时机的选择　☐正向反馈　☐负向反馈）。

（5）运用YES模型时，可以通过（☐有吗　☐有效吗　☐有人监督吗　☐有执行吗）3个问题来识别绩效问题存在于BEM第一层的哪个因素中。

回答和解释

（1）BEM第一层的关键词是清楚有效和唯一性，标准、信息、反馈都需要清楚且有效。同时，当标准存在问题时，无须再考虑信息因素和反馈因素的问题。

（2）标准在组织场景中主要指工作标准。工作标准按照对象可分为组织标准和部门标准。工作标准包括对工作的责任、权力、工作范围、质量要求、程序、检查方法、考核办法等制定的标准。制定工作标准时需尽量将标准量化，若无法量化，则需要将标准行为化。

（3）信息的价值在当下越来越重要，只要掌握了一手有价值的信息，就能拥有竞争优势。要想在众多信息中找到有价值的信息，最重要的是做好信息分类。

（4）反馈的关键在于反馈时机的选择，当希望员工持续提升技能或改进行为时，需要给予他们即时反馈；当员工存在情绪问题或问题本身特别复杂时，可以给予他们延迟反馈。

（5）YES模型将BEM第一层的3个因素分别围绕"有吗""有效吗""有人监督吗"3个维度进行逐一诊断，识别问题具体出在哪个关键因素上。

第三章
BEM第一层：从标准开始？YES！

章首练习参考答案：

人们没有按照我们的要求去做，是因为……

症状（√）	原因（√）	
√	＿＿＿	1. 我们的员工收到了太多的电子邮件。
＿＿＿	√	2. 员工没有收到主管关于他们绩效的反馈。
√	＿＿＿	3. 团队成员之间存在矛盾。
＿＿＿	√	4. 团队成员不知道如何使用我们安装的新软件。
＿＿＿	√	5. 服务工作需要客服专员成为多面手，但这与他们的发展意愿不符。

第一项是症状：员工收到了太多电子邮件，至于是收到的邮件数量多，还是需要回复的邮件数量多，缺乏足够的信息做判断，所以第一项不是根因，需要进一步诊断。

第二项是原因：业务主管缺少反馈是通过BEM第一层诊断识别出的原因，可以采取行动来解决问题。

第三项是症状：成员之间出现冲突的原因有很多，在实施解决方案之前还需要了解更多信息。

第四项是原因：不知道如何使用软件是BEM第四层知识技能的原因，可以通过某种最优的方式培养员工使用新软件的能力。

第五项是原因：员工不愿意成为多面手是因为工作与他们的个人发展意愿不相符，意愿（动机）处于BEM第六层，需要先识别和激发员工的意愿（动机）。

065

第四章

BEM第二层：成事，必先利其器

人们经常用到工具，工具能够为人们的工作和生活提供很多便利。图4-1展示了两种工具：简易内六角扳手和名牌电动扳手，你觉得这两种工具哪种更好？

（a）简易内六角扳手　　（b）名牌电动扳手

图4-1　两种工具

你选了哪种呢？

我们认为工具没有好坏之分，主要看是否简单高效。前几天，我在网上购买了一个书架。收到货物的时候，我发现书架需要自己安装，当时没有工具，怎么办呢？去买一个电动扳手吧，太不划算了；去借一个吧，也很费劲。正当我一边踌躇，一边打开包裹时，看到包裹中还有一把简易内六角扳手。虽然它不如电动扳手高级、省力，但简单、高效。很快，新买的书架就安装完毕了。

子曰："工欲善其事，必先利其器。"这句话的意思是，一名工匠要想做好工作，一定要先把工具磨锋利；比喻要做好一件事情，必须准备好必备的资源、有效的工具和清晰的流程。BEM第二层包含3个因素：资

第四章
BEM第二层：成事，必先利其器

源、工具和流程。

如果BEM第二层出现了问题，组织通常会面临很多苦恼，举例如下。

- 所在地区停电导致制造型公司无法顺利生产。
- "用工荒"的出现，导致公司因找不到充足的、合适的人力资源而无法快速推进项目。
- 公司因为资金链断裂而破产。
- 生产人员使用的工具不符合人效学，难操作、效率低，无法满足产量要求。
- 面对高利润项目，由于满足不了工期要求，不得不选择放弃。
- 特殊工种作业人员由于没有按照规定的流程操作而发生了工伤事故。
- 投入几百万元建设的ERP系统由于流程不清晰而无法达到预期效果，投入的资金打了水漂。

BEM第二层出现问题会给组织带来这么多苦恼，那么如何诊断和应对呢？本章将和大家一起探讨BEM第二层资源、工具和流程3个因素的主要内涵和诊断方法。

核心概念

资源

资源是BEM第二层的第一个因素，长期受到战略研究学者的关注。迈克尔·希特（Michael Hitt）在《战略管理：竞争与全球化（概念）》一书中将资源定义为人类生存发展和享受所需要的一切物质要素与非物质要素，包括有形资源和无形资源两大类。我们将资源进行了分类，如图4-2所示。

有形资源包括实物资源、财务资源、技术资源和组织资源。实物资源包括组织中的厂房、制造设备、原材料，以及组织获取原材料的能力等。财务资源包括组织的借款能力和产生内部资金的能力等。技术资源是技术的含量，包括专利、商标、版权和商业机密等。组织资源是组织正式的结构、正式的计划和协调系统等。

无形资源包括人力资源、创新资源、声誉资源和文化资源。人力资源包括组织内的知识、信任和管理能力等。创新资源包括组织创意和创新能力等。声誉资源包括客户声誉、品牌等。文化资源包括组织兑现使命、愿景、核心价值观等的能力。

资源	有形资源							
	实物资源		财务资源		技术资源		组织资源
	无形资源							
	人力资源		创新资源		声誉资源		文化资源

图4-2 资源分类

资源永远是稀缺的。诊断资源因素是否有问题，关键看组织是否提供了为实现组织目标而必须具备的资源。一方面，组织提供的资源不充分，甚至最基本的需求都无法满足，导致最需要这部分资源的基层和一线员工无法开展工作；另一方面，组织向管理层提供了大量的各类资源，而这些资源没有被很好地传递到基层，导致组织资源投入不均衡，从而引发各类绩效问题。BEM第二层资源因素的诊断相对比较容易，工具与流程因素的诊断才是BEM第二层分析绩效和创新问题的关键。

工具

BEM第二层的第二个因素是工具。

人类的发展与工具的发展密不可分。石器时代的石器，农耕时代的铜器，第一次工业革命时期的蒸汽机，第二次工业革命时期的火车、飞机，信息革命时代的计算机、手机，还有智能革命时代的AI机器人、智能家居……工具大大改变了人类的生活，并随着人类的进步而发展。

什么是工具呢？所谓工具，就是人类在实践活动和认知活动中，为达

第四章
BEM第二层：成事，必先利其器

到某一目的而使用的手段，包括物质性的硬工具和非物质性的软工具。硬工具就是看得见、摸得着的工具，主要指劳动生产工具，如用于科学实验的仪器、设备、电子计算机等；软工具主要指语言文字、数学符号、科学概念和逻辑范畴等，如九九乘法表、SWOT战略分析模型、话术等。

我刚参加工作的时候，接到了一项复印文件的任务。当时的复印机没有输稿器，所以需要一张一张地将文稿放到复印机上进行复印，然后进行分页装订。近1米厚的文件，我机械地、反复地操作，加班了一个通宵才完成。这项任务放到20年后的今天，利用带有输稿器的高速复印机，通常一两小时就能完成任务。新的工具为工作效率的提高发挥了巨大作用。

除了硬工具，软工具也在人类社会的发展中发挥着重要的作用。其中，话术作为一种软工具，在销售领域有着广泛的应用。

有位朋友在服装行业做销售管理，她在管理中就使用了话术。客户一进门，店员就会说："欢迎光临，请问您需要点什么？"这个话术非常简单，大家一学就会。可是，大多数客户都会说："我随便看看。"我这位朋友感觉话术没有起到应有的作用。在学习了绩效改进课程后，她从客户的需求出发，对话术进行了迭代，她所管辖的门店统一运用了新的话术："客户三问"。客户进店后，销售人员会热情地提出"第一问"："您好，请问您今天想买的衣服是上装还是下装？"这其实是在探询客户购买的衣服类型。如果客户回答"上装"，销售人员会一边引导客户到上装区域，一边进行"第二问"："您是平时穿还是上班穿？"客户回答："上班穿。"这其实是在探询客户购买衣服的使用场合。然后，销售人员会问"第三问"："您喜欢修身的还是宽松的？"这其实是在探询客户喜欢的衣服样式。客户回答："修身的。"通过这三问，销售人员就基本知道该推荐什么类型的衣服了，同时配合"让客户试穿两套以上"的标准动作。就这样，在其他因素都没有改变的前提下，仅通过话术的改变，门店当月的销售额就提升了6%。

创新绩效
BEM本土化解读和最佳实践指南

不管是硬工具还是软工具,都是提升绩效的重要手段。在培训过程中,可以使用实物样品、道具等硬工具,也可以使用口诀、顺口溜、话术等软工具,以更有效地支持培训目标的达成。接下来将通过一个练习加深大家对工具的理解。

> 下列工具中,硬工具有_____,软工具有_____。
> A.话术　B.BEM　C.锤子　D.翻页笔　E.安全符号
> 你的回答是什么呢?
> 请将书倒过来看参考答案。
>
> 答案:
> 下列工具中,硬工具有C、D,软工具有A、B、E。

流程

BEM第二层的第三个因素是流程。

流程是把一个或多个输入转化为对顾客有价值的输出的过程,是一组能够创造价值的活动。如果说一个组织是一个系统,那么流程就是这个系统的血脉。流程出了问题,将导致组织不适、生病或死亡。托马斯·达文波特（Thomas Davenport）在《流程创新》一书中提到,很多企业成为流程竞争者,如麦当劳擅长备餐流程的竞争,美国橡胶企业擅长新产品开发流程的竞争,联邦快递擅长物流流程的竞争。这些企业将卓越的流程作为竞争策略的重要组成部分。卓越的流程已成为组织的核心竞争力。麦当劳、肯德基、万豪酒店等国际企业靠着成熟的流程,推动组织的规模化、国际化发展。华为公司的快速发展也离不开流程建设,正如任正非所说,流程化是大公司提高运作效率、降低管理内耗的重要途径之一。

组织流程可以分为业务流程和辅助流程。业务流程就是为客户创造价值、实现价值的作业和信息流,如销售流程、生产流程。辅助流程是支持业务流程运行的作业和信息流,如技术开发、人力资源管理。迈克尔·波特（Michael Porter）于1985年提出了价值链模型，如图4-3所示。他将进货物流、运营生产、发货物流、市场营销和售后服务称为业务性活动，相关的流程称为业务流程；将企业基础管理、人力资源管理、技术开发、采购称为辅助性活动，相关的流程称为辅助流程。

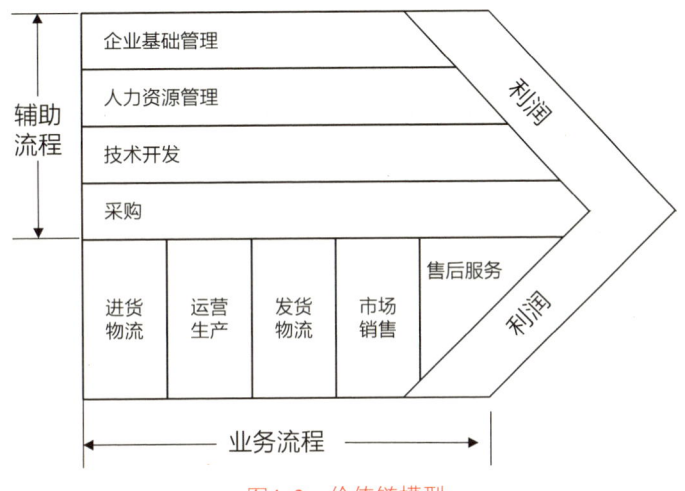

图4-3 价值链模型

流程是河流还是堰塞湖

流程的核心价值是对优秀实践的总结和引入，然后通过流程的固化实现批量、快速复制。在流程缺失和不完善的时期，组织依靠"牛人"来保持绩效，表面充满活力，实则混乱无序，亟待通过流程的完善提高效率、优化管理，就像需要修建合适的沟渠来疏通组织管理中的"洪水"。

随着业务的快速发展，某公司出现了越来越多令人头疼的问题。最近一批产品因客户的技术变更无法采用水路运输形式，只能采用汽车运输形式。运输形式的改变大幅增加了运输成本。然而，由于物流部门没有及时收到技术变更的信息，错过了增补费用的时效。后来，公司规定，营销部门在获得任何合同变更信息的同时，都需要发起变更信息评审流程，召集相关部门对变更进行确定和应对，从而避免类似的情况再次发生。

没有流程，容易引发管理"洪水"；流程过度，也会引发管理"堰塞湖"。流程越来越细，可能导致为了流程而流程，从而使流程偏离方向。过于复杂的流程会失去流程本身的价值和意义，影响组织的活力和效率。因此，流程需要秉持简单、高效、系统的原则，以避免因流程不当而造成管理"拥堵"。

某公司正在进行内部合规建设，职能管理者为了规避自己的责任，对流程做了严格的规定，每套流程的审核人员越来越多。由于审批没有实现信息化，线下签字的流程特别烦琐，严重影响了流程效率，也引发了员工的抱怨。后来，公司对流程进行了评估，确定了流程质量标准，并对流程进行了优化和完善，这才消除了抱怨，提高了管理效率。

应用工具

了解了BEM第二层各个因素的核心概念后，如何通过对这一层因素的诊断改进绩效呢？依然使用YES模型，如表4-1所示。

表4-1 BEM第二层诊断工具：YES模型

BEM第二层因素	YES模型	问题清单	是	否
资源	有吗 ｜ 有效吗 ｜ 有人监督吗	Y：有必要的资源吗		
		1. 有必要的有形资源吗		
		2. 有必要的无形资源吗		
		E：资源有效吗		
		1. 数量是否充分		
		2. 质量是否合格		
		3. 是否有竞争优势		
		S：有人监督资源的使用吗		
		有人监督资源的正确使用吗		

第四章
BEM第二层：成事，必先利其器

续表

BEM第二层因素	YES模型	问题清单	是	否
工具	有吗 ｜ 有效吗 ｜ 有人监督吗	Y：有工具吗		
		1. 有硬工具吗		
		2. 有软工具吗		
		E：工具有效吗		
		1. 工具是否可靠		
		2. 工具是否安全		
		S：有人监督工具的使用吗		
		有人监督工具的正确使用吗		
流程	有吗 ｜ 有效吗 ｜ 有人监督吗	Y：有流程吗		
		1. 有业务流程吗		
		2. 有辅助流程吗		
		E. 流程有效吗		
		1. 流程是否关联目标		
		2. 流程是否经过测试		
		S. 有人监督流程的实施吗		
		有人监督流程的正确实施吗		

资源因素诊断

在诊断完BEM第一层因素之后，可以使用YES模型识别BEM第二层因素是否简单有效。首先诊断资源因素，诊断问题如下。

有必要的资源吗

盘点资源需要以终为始，以产出为出发点，看需要投入哪些资源。这个问题可以分解为"有必要的有形资源吗""有必要的无形资源吗"两个子问题。如果没有必要的资源，需要先配置、整合所必需的资源。

资源有效吗

如果有必要的资源，可以接着问："资源有效吗？"资源的有效性体现在资源的数量、质量和竞争优势3个方面。

1. 资源的数量

资源的数量充足吗？能持续供应吗？组织在发展过程中，对资源有着动态的需求，因此需要持续供应资源。例如，原料的供应将直接影响组织的经营，就像国际市场芯片的供应将直接影响手机、计算机生产厂家的生产运营；国际市场石油的供应将影响石油进口国的石油价格，并影响这些国家的经济发展。有了稳定的资源供应，才能保证组织健康地发展。因此，目前组织对供应链的管理要求越来越高。

2. 资源的质量

能够保证产出合格的产品吗？资源作为重要的输入，将直接影响产品的质量。因此，需要对有形资源进行检验，对无形资源进行评价。

3. 资源的竞争优势

资源能够帮助产品获得市场竞争力吗？组织的发展离不开竞争，在竞争激烈的市场中，取得资源的竞争优势能够支持组织在竞争中生存和发展。对于资源的竞争优势，通常可以从价值、稀有、难以模仿、不可替代4个维度来评价。例如，在诊断人力资源竞争优势时，可以根据以下4点来判断。①价值：对战略的影响程度。②稀有：该岗位的招聘周期。③难以模仿：难以在短时间内通过培训培养；岗位继任者的培养周期长。④不可替代：人才离职后难以快速找到替代者。该方法适用于组织核心人才的识别和评价。根据组织的发展阶段和行业特点，分别对以上4个维度设置权重和赋分，可以帮助人们识别出组织的核心人才。

有人监督资源的使用吗

如果资源无效，就需要重新配置和优化资源。如果资源有效，可以继续问："有人监督资源的正确使用吗？"如果没有，就需要监督人员提供支持。

工具因素诊断

诊断完资源因素之后，可以诊断BEM第二层中的工具因素，诊断问题如下。

第四章
BEM第二层：成事，必先利其器

有工具吗

这个问题可以从硬工具和软工具两个维度分别进行诊断。硬工具包括看得见、摸得着的机器、设备、仪器、计算机等；软工具包括销售话术、管理表单、形象的标识等。如果没有，就需要寻找或制作合适的工具。

例如，某公司员工进入车间时需要佩戴安全帽。可以问：车间为员工发放安全帽了吗？向他们展示如何正确佩戴安全帽了吗？

工具有效吗

如果有工具，接着问："工具有效吗？"对于工具是否有效的诊断包括3个方面：工具可靠吗？工具高效吗？工具安全吗？如果回答是否定的，就需要寻找可靠、高效、安全的工具。

例如，提问：安全帽符合国家质量标准吗（可靠性）？都在有效期内吗（安全性）？

有人监督工具的使用吗

如果工具有效，可以继续问："有人监督工具的正确使用吗？"有时候，虽然有了工具，但工具没有得到使用，或者没有得到正确的使用。只有正确使用工具，才能发挥工具的最大作用。

例如，提问：对于安全帽的规范佩戴，有人监督吗？如果发现没有规范佩戴的情况，会如何处理？

在上述佩戴安全帽的举例中，从3个维度进行提问，可以扫除安全帽管理的盲区，使安全帽真正发挥作用，保障员工安全。

流程因素诊断

如果资源和工具都没有问题，可以继续诊断BEM第二层中的流程因素，诊断问题如下。

有流程吗

这个问题可细分为"有业务流程吗"和"有辅助流程吗"，通过这两个提问可以发现流程是否有缺失。如果有缺失，就需要设计业务流程或辅助流程。

流程有效吗

如果有流程，可以接着问："流程有效吗？"这个问题可细分为"业务流程有效吗"和"辅助流程有效吗"。要判断流程是否有效，可以问："流程关联业务目标吗？""流程经过测试了吗？"流程只有关联业务目标才会有价值，而不能为了流程而流程。同时，流程设计完以后，还需要经过测试，验证其有效性。

有人监督流程的实施吗

如果有流程且有效，那可以继续问："有人监督流程的正确实施吗？"流程是否能够得到有效的执行，会直接影响最后的结果。有些组织制定了流程，然而在执行过程中没有执行到位，导致流程形同虚设，无法发挥作用。因此，需要有人监督流程的实施。

教练技巧

即使使用YES模型对BEM第二层的因素进行了诊断，发现了第二层的问题，依然需要注意该模型在BEM第二层的教练技巧，理解BEM第二层具有多样性的特点。

BEM第二层的多样性

BEM第二层的多样性，是指就某个问题的分析，在诊断完BEM第一层后，发现真正的问题不是BEM第一层的因素造成的，需要对BEM第二层的所有因素进行诊断和分析，而不是只分析BEM第二层的某个因素。

BEM第二层的因素本质上是支持因素，就是达成目标所必备的组织支持。例如，公司要想在扩大产能的同时提高生产效率，就需要保证及时、充足地供应原材料，并拓宽原有的供应渠道（资源），采购先进的设备（工具），进一步优化生产工艺（流程）。只有打出这一系列"组合拳"，才能达成公司的最终目的：在扩大产能的同时提高生产效率。因此，在探索BEM第二层的问题时，需要注意其多样性的特点。

实战案例：BEM第二层诊断问题

某检测公司对一座大桥上的焊缝涂层进行检测。大桥建设指挥部要求30天内完成88个隔挡的焊缝检测。项目启动后，前5天仅完成进度计划的1/4，进度严重滞后。若按此检测效率，第30天仅能完成15个隔挡焊缝检测，约为进度计划的1/6，公司将承担严重的违约责任。项目负责人找到了孙博士，希望他能提供支持和帮助。以下是他们的对话过程。

孙博士：能否跟我说一下现场的具体情况？

项目负责人：目前项目进度严重落后，各个环节的问题都很多，按照目前的进度，项目肯定会严重超期，这样不仅会耽搁大桥建设的整体进度，还会面临巨额赔款。

孙博士：你所说的"各个环节"具体包括哪些？

项目负责人：具体包括准备阶段、检测阶段、评估阶段。

孙博士：明白。我们先看哪个阶段？

项目负责人：准备阶段。

孙博士：项目材料和物品的准备情况如何？

（由于是准备阶段，需要围绕准备阶段BEM第二层的资源因素展开分析，首先针对有形资源进行提问。）

项目负责人：材料和物品都有了。但目前准备的人手不足，至少需要增加3个人的配置。而且，前期的准备时间不足，导致进度太慢。

（在准备阶段，拥有项目所需的有形资源物料，但缺少无形资源时间和人员。由于缺少无形资源，就不存在无形资源是否有效的问题。在BEM第二层的资源因素中，导致项目进度滞后的原因之一是准备阶段缺失无形资源时间和人员。考虑到BEM第二层的多样性，在准备阶段，需要将BEM

创新绩效
BEM本土化解读和最佳实践指南

第二层的所有因素分析清楚。）

　　孙博士：理解。在准备的时候，检测设备和工装工具齐全吗？

　　项目负责人：已经配备了美国产的涂层红外检测仪，并且定制了专用支架。项目部配备了柴油发电机和交通工具。（有工具。）

　　孙博士：设备和工具是否可靠？安全性如何？

　　项目负责人：整体还可以。涂层红外检测仪、专用支架、发电机和交通工具都能使用，但是专用支架是新设计和定制的，移动起来非常不便，导致移动的时间长、效率低。柴油发电机经常发生故障，从而耽搁工期。（部分工具的有效性存在问题。）

　　（在准备阶段，工具是有的，但部分工具不够有效。考虑到BEM第二层的多样性，在准备阶段，需要继续将BEM第二层的其他因素分析清楚。）

　　孙博士：我们在准备的时候，对于如何检测，有具体的流程吗？

　　项目负责人：一开始流程还不成熟，目前已经形成了稳定的、规范的流程。

　　（在准备阶段，流程是不成熟的，但在实施的过程中，流程已经有所完善，因此可以继续询问检测阶段存在的问题。）

　　孙博士：好的。那么，检测阶段呢？

　　项目负责人：检测阶段除了准备阶段的不足，都是按照优化后的流程走的。我感觉没有什么问题。

　　孙博士：理解。那么，优化后的流程有人监督执行吗？

　　（基于以上分析，检测阶段的资源和工具都没有太大的问题，优化后的流程也是有效的，则要围绕有效的流程是否有人监督执行来判断这个环节是否有问题。）

　　项目负责人：有的，我们配置了专门的人记录和监督操作流程。

　　孙博士：好的，需要检查评估阶段吗？

078

第四章
BEM第二层：成事，必先利其器

项目负责人：不需要，还没有到那个阶段。而且，如果检测阶段做到位，评估阶段不会有问题。主要还是准备阶段和检测阶段的问题。

孙博士：好的，我们来汇总一下刚才提到的问题。

（1）人员不够，需要增加3人的配置。

（2）专用支架操作不便，移动慢。

（3）柴油发电机有时候会发生故障。

请根据这些问题对工期的影响程度进行排序。

项目负责人：（2）（1）（3）。

孙博士：针对这些问题，我们应该如何解决呢？

项目负责人：我们可以重新设计并制作专用支架，改进后支架移动人员由4人减少为2人，耗时也可以减少，提高检测效率。支架改进后可以减少人员配置。因此，我们可以申请增加1个人的配置，目前这也是可行的。关于柴油发电机的故障问题，我们可以提前准备好备品备件，缩减维修的时间。这3个问题如果得到解决的话，工期的难题大致就能解决了。

孙博士：太好了，预祝你们工程顺利竣工。

之后，随着整改的落实到位，该项目顺利按时完成，项目组也得到了大桥建设指挥部的好评。

因此，在教练技巧上，要充分理解BEM第二层因素多样性的特点，使用YES模型进行提问，将BEM第二层的原因全部挖掘出来。

本章回顾

我们用一些简单的回顾性题目结束这一章。请从括号中选出最适合每句话的词语。

（1）流程分为（☐业务性流程　☐生产流程　☐研发流程　☐辅助性流程）两大类。

（2）资源的有效性体现在资源的（☐数量　☐质量　☐竞争优势

□价格）3个方面。

（3）工具分为硬工具和软工具，硬工具包括（□设备　□计算机　□SWOT模型）等，软工具包括（□毛刷　□科学概念　□话术）等。

（4）（□资源　□工具　□流程）是把一个或多个输入转化为对顾客有价值的输出的过程，是一组能够创造价值的活动。

（5）声誉资源和人力资源属于（□有形资源　□无形资源）。

回答和解释

（1）流程分为业务流程、辅助流程两大类。根据迈克尔·波特提出的价值链模型，将进货物流、运营生产、发货物流、市场营销和售后服务等与业务直接相关的活动称为业务性活动，相关的流程称为业务流程；将企业基础管理、人力资源管理、技术开发、采购等与业务间接相关的活动称为辅助性活动，相关的流程称为辅助流程。

（2）资源的有效性体现在资源的数量、质量和竞争优势3个方面。①资源的数量。有了稳定的资源供应，才能保证组织健康地发展。②资源作为重要的输入，将直接影响产品的质量。因此，需要对有形资源进行检验，对无形资源进行评价。③组织的发展离不开竞争，在竞争激烈的市场中，取得资源的竞争优势，能够支持组织的生存和发展。

（3）工具分为硬工具和软工具，硬工具包括设备、计算机等，软工具包括科学概念、话术等。硬工具就是看得见、摸得着的工具，主要指劳动生产工具，用于科学实验的仪器、设备、电子计算机等；软工具主要指语言文字、数学符号、科学概念和逻辑范畴等，如九九乘法表、SWOT战略分析模型、话术等。

（4）流程是把一个或多个输入转化为对顾客有价值的输出的过程，是一组能够创造价值的活动。如果说一个组织是一个系统，那么流程就是这个系统的血脉。流程出了问题，将直接导致组织不适、生病或死亡。

（5）资源是BEM第二层的首个因素，包括有形资源和无形资源。有形资源包括实物资源、财务资源、技术资源和组织资源；无形资源包括人力资源、创新资源、声誉资源和文化资源。

第五章

BEM第三层：激励，一致的逻辑

有这样一个广为流传的故事：一群孩子总在一位喜欢清静的老人家门前嬉戏，这让老人备受困扰。一天，他走出来给每个孩子5元钱，对他们说："感谢你们在我家门口玩耍，让这儿变得很热闹，我觉得自己年轻了十岁，这点钱是对你们的感谢。"

孩子们很高兴，第二天又来了，一如既往地嬉闹。老人再次出来，给了每个孩子1元钱。他解释说，自己没有收入，只能少给一些。孩子们虽然有些不开心，但有钱总比没有钱好，还是拿钱走了。

第三天，老人对孩子们说他最近经济状况糟糕透了，现在只能付给他们1角钱。孩子们很不高兴地说："想得太美了，谁愿意只为了1角钱干这件事？"

结果，孩子们再也不来了，老人得到了久违的宁静。

孩子们期望的结果和老人期望的结果是一致的吗？如果没有激励或奖励，结果是否还会发生？如何更好地处理结果与激励、奖励之间的关系？如果用惩罚代替奖励，效果是否会更好？

这个故事正是对本章要详细阐述的BEM第三层的隐喻。不可以孤立地看待BEM第三层。基于"分析下一层的原因解决不了上一层的问题"，需要把BEM的3个层级放在一起看；同时理解结果与激励、奖励之间的关系。

第五章
BEM第三层：激励，一致的逻辑

核心概念

BEM第三层：结果与激励、奖励的关系

主要从两个维度对结果进行分类：一是期望的结果已发生，二是期望的结果未发生（失望的结果）。

期望的结果之所以发生，往往是因为BEM第一层清楚有效，第二层简单有效。这个逻辑与行为科学家维克托·弗鲁姆（Victor Vroom）提出的期望理论有些相似，期望理论可以用公式表示为：

$$激励力量 = 期望值 \times 效价$$

效价是指达成目标、满足个人需求带来的价值。它通常与组织传达给员工的目标、信息和反馈相关，如公司的愿景、使命、组织目标与个人目标的统一等，通常与BEM第一层因素相关。BEM第一层必须是清楚有效的，只有这样效价才可能产生。期望值是指依据过去的估算达成目标的可能性，即达成期望的结果的可能性，这恰恰与BEM第二层（组织是否提供了必备的资源、工具及流程等）相关。BEM第二层必须是简单有效的，否则期望值就会降低。只有对BEM第一层和第二层进行系统思考，才能使个人达到组织期望的结果，激励力量才会起作用。

期望的结果之所以未发生，是因为BEM第一层和第二层无效。例如，组织提供的目标是混乱的，管理者传达的和反馈的与组织不一致，组织忽略传递组织方面的信息，基本上不提供反馈。另外，组织不为员工提供完成组织期望所必需的人、财、物资源，或者没有提供有效的工具以使员工更容易地达成目标，又或者流程繁杂，管理层把大量的时间耗在基层问题、低级问题的解决上，而把宝贵的用于关注客户和竞争对手的重要时间挤占殆尽。那些本可以现场解决问题的基层人员既没有资格也没有权力对结果负责。这就形成了一个怪圈：管理层很忙碌，所有的事情都需要经过他们授权，而基层员工想解决问题，却只能等待。当期望的结果没有发生

时，管理层会抱怨员工能力不行，而员工又不知道该如何努力。这还不是最差的情形，最差的情形是管理者不在BEM第一层和第二层使力，而是直接跳到第三层，告诉员工：你做到了我就奖励你，做不到我就惩罚你。结果可想而知。因此，在谈论激励和奖励之前，首先要思考的不是给多少激励或奖励来刺激期望结果的发生，而是在BEM第一层和第二层都有效的前提下，谈论激励和奖励的问题。结果与激励、奖励之间的关系如图5-1所示。

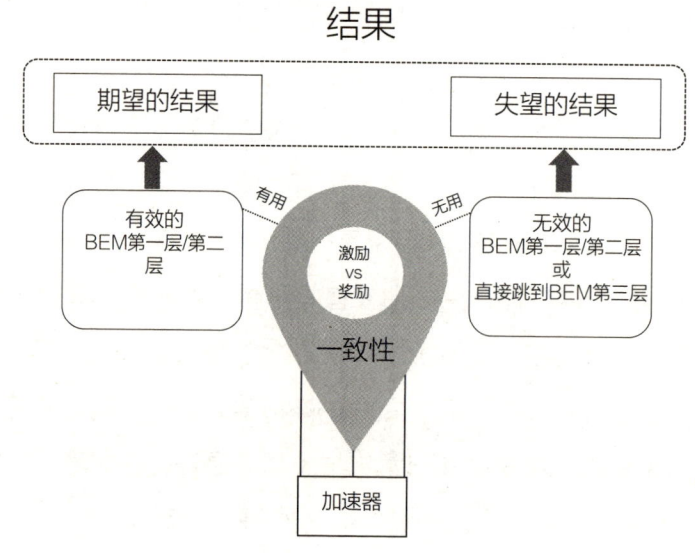

图5-1 结果与激励、奖励之间的关系

在这个逻辑之下，激励和奖励实质上起到了加速的作用。激励和奖励可以加速期望的结果的发生；如果BEM第一层和第二层无效，即使有激励或奖励，也是无用的。那么，激励和奖励的区别是什么呢？

激励是内源性的，属于内部激励，人们做出某种行为是为了获得成就感、认可、欣赏、责任感，提供具有挑战性的工作等都是激励。奖励是外源性的，属于外部激励，人们做出某种行为是为了获得物质报酬或社会报酬，包括谋求更高的社会地位、奖金报酬等。如果想让期望的结果快点发生，可以增加激励和奖励。因此，激励和奖励本质上是加速器。

第五章
BEM第三层：激励，一致的逻辑

结果这个层面非常重要，但不应该首先在这个层面使力。现实中，组织很少在这个层面做得不好，奖励和激励机制做得既清楚又仔细，反而在BEM第一层和第二层使力不够。BEM给了人们一个非常好的思考问题的思路，就是自上而下一层层地按顺序思考问题，这也是这个模型最有价值的地方之一。

索玛立方块实验和德西效应的启示

心理学家曾做过一个非常著名的实验：索玛立方块实验。

这个实验要求参与者把很多小方块组合起来，拼出小狗、小兔子或更有创意的形状。

研究人员对两组参与者提出了不同的要求：第一组只要拼出一个图形，就奖励1美元；第二组只要拼就好了，虽然没有奖励，但会让大家看看喜不喜欢这个拼图，能否有自己的创意。

等参与者拼了一段时间后，研究人员说需要整理一下现场，让参与者到休息室休息。休息室里放着杂志和索玛拼图。也就是说，他们在休息室休息的8分钟内，既可以选择看杂志，也可以选择继续玩索玛拼图。

那么，最后的结果如何呢？

第一组中的大部分人在休息时不会碰拼图，原因是他们把拼拼图当作任务，是外部激励。而第二组在这8分钟里继续玩拼图，他们只是单纯觉得拼图很有趣。

后来，心理学家开始尝试把金钱奖励换成威胁或竞争，如拼不出来会扣多少分，或者要求赢过对方。结果是一样的：威胁也好，竞争也好，都会让参与者把专注力放在"赢"这件事上，而不是放在拼图上。

这就是有名的索玛立方块实验。实验证明，当一个人进行一项行为活动时，给他提供的奖励如果只是外部激励，反而会减少后续这项行为活动对他内在的吸引力。这就是所谓的"德西效应"。

索玛立方块实验和德西效应给人们最大的启示是即使没有奖励，期望

085

的结果也会发生。短期看，通过激励和奖励可以加速这个结果的发生；长期看，需要人们理解激励–保健理论。

激励–保健理论

激励–保健理论是由弗雷德里克·赫茨伯格（Fredrick Herzberg）研究得出的。该理论认为，人们有两类不同的需求，它们本质上是相互独立的，并以不同的方式影响行为。第一类需求与工作本身相关，称为激励因素（Motivator Factors），这类因素能有效地激励人们取得卓越的绩效。第二类需求与工作环境相关，称为保健因素（Hygiene Factors），当这些因素不被满足时，人们会感到不满。表5-1总结了激励因素和保健因素。

表5-1　激励因素和保健因素

激励因素	保健因素
成就感	公司政策和管理
对工作成就的认可	监督
具有挑战性的工作	工作环境
提升责任感	人际关系
成长与发展	金钱、地位、安全
通常是内部激励	通常是外部激励

激励因素

赫茨伯格将成就感、专业成长及在挑战工作的过程中获得认可等称为激励因素。这些因素能够对工作满意度产生积极影响，通常会使一个人的总产出增加。

保健因素

保健因素包括公司政策和管理、监督、工作环境、人际关系、金钱、地位和安全等被视为维护正常工作的因素。这些因素不是工作的固有部分，但它们与工作环境或条件相关。赫茨伯格将"保健"一词的原始用法与其医学意义（预防和环境）联系起来。他发现保健因素不能带来工人产出水平的提高，只能防止由于工作限制而导致的工人绩效损失。如果公司

第五章
BEM第三层：激励，一致的逻辑

只使用保健因素的相关内容激励员工，激励的持续性会比较短暂，甚至起不到任何激励作用。

研究表明，激励因素被满足和保健因素被满足两者在激励方面存在差异。假设一名员工有90%的工作产能。此人与主管有良好的工作关系，对薪酬和工作条件非常满意，并且是和谐的工作团队中的一分子。如果没有其他刺激，只满足保健因素，则这名员工的绩效表现将不断下降或保持原有的水平，如图5-2所示。

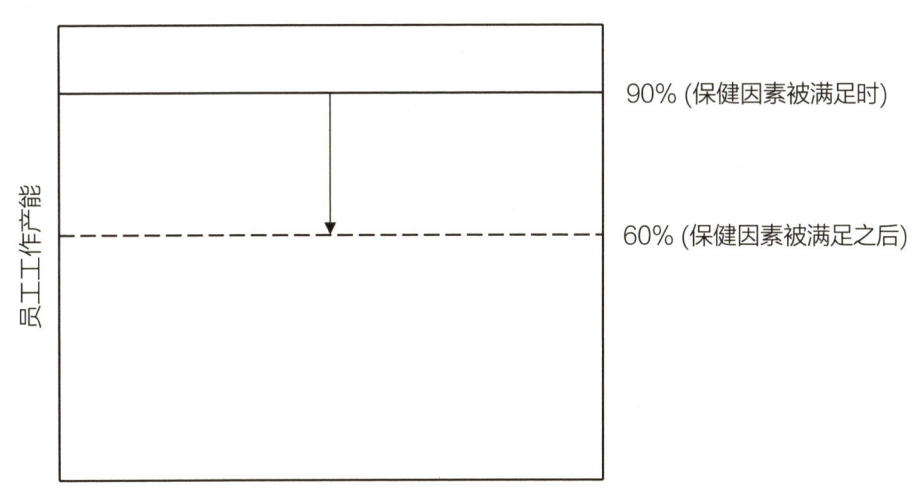

图5-2 保健因素对绩效的影响

假设这名员工有机会在一个可以自由发挥主动性和创造力、做出决定、处理问题、承担责任的环境中发展和满足其工作需求，即激励因素被满足。如果在履行这些新职责的同时能够满足主管的期望，该员工的生产力就会提高，并持续保持90%甚至以上的工作产能。这种自主自发的工作动机也从侧面验证了"德西效应"。激励因素对绩效的影响如图5-3所示。由图可见，这名员工的工作产能持续增加。

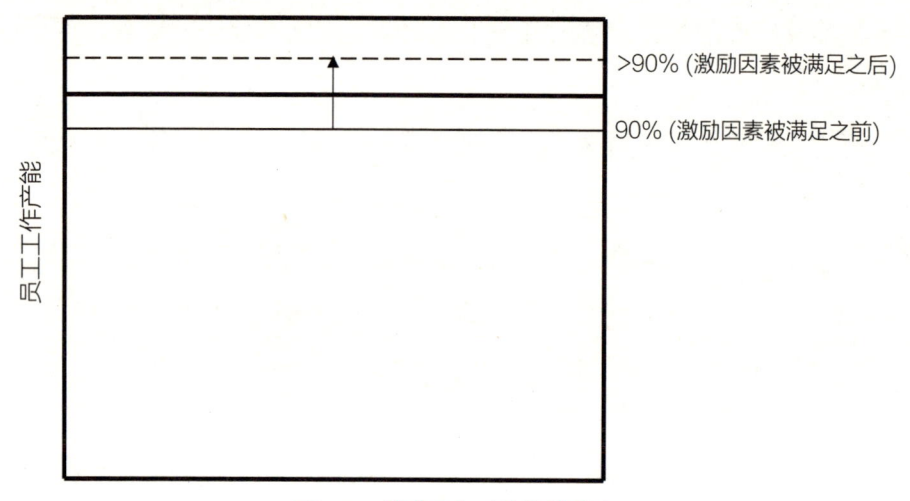

创新绩效
BEM本土化解读和最佳实践指南

图5-3 激励因素对绩效的影响

保健因素被满足时往往会消除不满和工作限制，但它们对激励个人取得卓越绩效或提高能力几乎没有作用。激励因素允许个人成长和发展，通常能提高个人的能力。因此，保健因素影响个人的意愿，激励因素影响个人的能力。

马斯洛需求层次理论和激励-保健理论

马斯洛需求层次理论是大家相对熟悉的激励理论。它包括人的5个层级的需求，可以将其描绘成阶梯式需求。这5个层级的需求从下向上分别为生理需求（食物和衣服）、安全需求（工作保障）、社交需求（友谊）、尊重需求和自我实现需求。金钱和福利往往能满足生理需求和安全需求；人际关系和监督是倾向于满足社会需求的保健因素；提升责任感、具有挑战性的工作及成长和发展是倾向于满足尊重需求和自我实现需求的激励因素。图5-4显示了我们所认为的马斯洛需求层次理论和激励-保健理论之间的关系。

生理需求、安全需求、社交需求和部分尊重需求都是保健因素。不同场合下的尊重是有区别的，因为地位归属和认可之间存在一些明显的差异。地位往往与个人所处的位置相关。有时，一个人可能会因为家庭关系获得某个职位，而不是通过自身的能力和成就获得认可。因此，地位与生理需求、安全需求和社会需求被归类为保健因素，而认可与尊重被归类为激励因素。

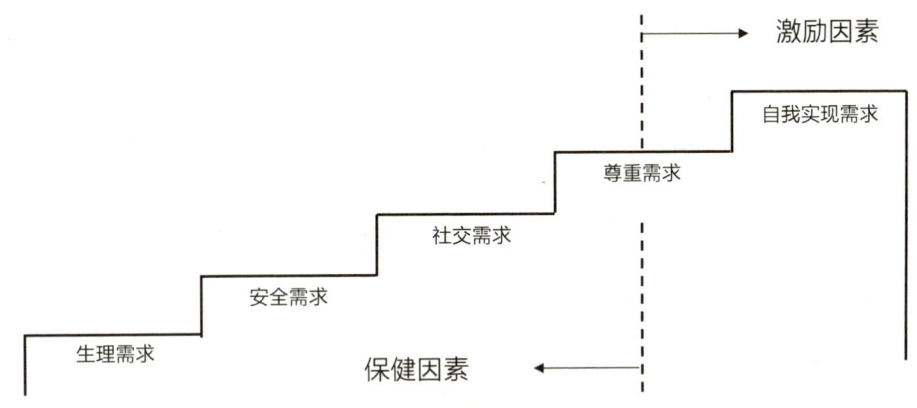

图5-4　马斯洛需求层次理论和激励-保健理论之间的关系

拥有激励体系（正式）并不能保证人们展现出自己已经得到奖励的感受和行为（非正式）。马斯洛用需求层次理论解释了这个观点：某个层级的需求一旦被满足，该需求就变得必不可少了。赫茨伯格表示，基本需求（保健因素）从道德层面讲是必须满足的，但对创造性地执行组织任务的激励来说是不足的。

表5-2展示了马斯洛需求层次理论与激励-保健理论之间的联系（Maddox，1963）。

表5-2强调，如果员工有机会获得成长、承担责任及获取成就感，员工与组织之间的"适配度"就会上升。如果员工重视工作本身，但不把工作视为成长机会，则福利和薪水不足以激励他们。因此，组织在设计激励机制时，不仅要兼顾激励因素和保健因素，还要考虑激励的强度和层次。

表5-2　马斯洛需求层次理论与激励-保健理论之间的联系

	马斯洛需求层次理论	激励-保健理论
激励因素	自我实现需求 尊重需求	工作本身 成就 进步 认可

续表

	马斯洛需求层次理论	激励-保健理论
保健因素	归属需求 安全需求 生理需求	人际关系 与领导之间的关系 工作环境 薪酬

负激励

以上谈论的都是正激励。国内关于负激励的研究相对较少，从本质上说，负激励也是保健因素的一种。所谓负激励，是指当一个人的行为不符合组织需要时，组织通过制裁的方式抑制这种行为，以达到减少或消除这种行为的目的。丹尼尔·A. 雷恩（Daniel A. Wren）将负激励称为"大棒"。心理学家认为，在可以计算的情况下，人们对损失的价值的感受比对得到相同的价值的感受更强烈。而布赖恩·克莱格（Brian Clegg）在论述及时激励时，提出了非人为的负激励因素。他认为，员工上班时找不到停车位造成的负激励作用比告知他们"你的工资将比平均工资水平低20%"还要大。因此，当传统的正激励作用不大时，有些组织会采取负激励，以达到期望的结果。有关负激励机制在组织内的实行，我们提出以下两个小建议。

在组织中不建议单独使用负激励

负激励有时具有负效应。这类"大棒"相对正激励而言，其方式方法更难掌握，要求管理者有较强的把控能力。如果负激励措施实施不当，会引起员工心理上的不满和情绪上的消极反抗，甚至是行为上的对抗，这就出现了负效应。负激励往往可以在短期内消除组织不希望出现的员工行为，但不能彻底消除。管理者在管理实践中往往难以把握实施负激励的度，而把握不好这种度的结果是带来更多的负效应，如无法预料的情绪反应、行为冷漠、高流动率和高旷工率等。

因此，当组织决定建立负激励机制时，需要与正激励机制形成一整套激励机制，最好不要单独建立负激励机制。坚持"正向为主、负向为辅；正向在先、负向在后"的原则，正、负激励协调配合使用。同时，坚持负激励面前人人平等的原则。否则，一旦出现偏差，员工就会斤斤计较，影响团队的和谐稳定。

总之，负激励有效，但无长效。

组织中如使用负激励，要适度

首先，当组织在较大规模的团队内使用负激励时，其作用会递减。正所谓"法不责众"。学者曾格和马歇尔发现，激励的强度与团队的规模呈负相关，且是递减的。负激励的强度应该随着团队规模的扩大而降低，反之亦然，尤其是在由知识型员工组成的团队和需要创新的团队中。因此，负激励的实施更适合个体而非团体。

其次，要正确把握负激励的尺度。研究表明，频繁的负激励容易给员工带来不安全感，导致员工与领导之间关系紧张。特别是在不恰当的时机实施负激励，会削弱组织的凝聚力。此外，过于严厉的负激励还可能伤害员工的感情，使员工在工作中如履薄冰，最终扼杀员工的创造力与积极性，激励效果更无从说起。

最后，正如布兰佳和詹森主张的，对错误行为的批评要建立在让对方了解你的意图的基础上。实行负激励时，要全面了解个体的意图，在进行充分调查的前提下实施负激励。就像亨利·瓦农·普尔强调的，"不能总是对任务做出硬性规定，最宝贵的东西常常是自觉自愿"。

总之，负激励要适度且灵活。

应用工具

使用BEM第三层诊断工具诊断组织中短期激励存在的问题并想快速解决时，可以使用表5-3所示的快速诊断表。组织可以通过激励-保健理论，

创新绩效
BEM本土化解读和最佳实践指南

系统地发现和解决组织激励机制问题。

表5-3　BEM第三层诊断工具：快速诊断表

组织现状	产生的原因
1. 薪酬是否恰当从而支持所期望绩效的达成？ □ 有竞争力 □ 公平 □ 没有	薪酬不恰当 □ 不具有竞争力 □ 员工感到不公平
2. 是否有恰当的物质奖励支持所期望绩效的达成？ □ 员工认为奖励公平 □ 员工认为奖励发放合理 □ 得到有效管理 □ 没有	缺乏恰当的奖励制度 □ 不公平 □ 发放不合理 □ 管理不善
3. 是否提供了有意义的外部激励或认可以支持所期望绩效的达成？ □ 被员工看重 □ 员工认为公平 □ 没有	缺乏有意义的外部激励 □ 不足或没有 □ 不被看重 □ 不公平
4. 员工是否认可高绩效和职位晋升之间的关联？ □ 员工认为两者之间存在充分的关联 □ 员工认为不存在不公平的情况 □ 没有	高绩效和职位晋升之间缺乏关联 □ 关联不足 □ 存在不公平的情况
5. 激励和奖励时机是否恰当？ □ 恰当 □ 不恰当	□ 激励和奖励时机不当
6. 员工是否因正确行事而受到下列某主体的惩罚？ □ 管理层/主管 □ 同僚 □ 客户 □ 没有	绩效不佳反而得到激励 □ 来自管理层 □ 来自同僚 □ 来自客户

提示：首先诊断 BEM 第一层和第二层，当第一层和第二层有问题时，不建议使用该表。

下面用一个真实的案例帮助大家理解如何应用快速诊断表。

某上市企业在一次绩效激励研讨会上反思没有达成原定业务目标的原因。该企业结合部门目标，使用BEM进行分析，发现组织层面在BEM第一

第五章
BEM第三层：激励，一致的逻辑

层是清楚有效的，在BEM第二层是简单有效的，最大的问题出在BEM第三层。为了尽快达成业务目标，该企业使用快速诊断表进行诊断。与会人员分别对快速诊断表中的内容进行判断，然后将汇总后的快速诊断表进行分析和最终确认，得出的结论如表5-4所示。

表5-4　某上市企业BEM第三层诊断工具：快速诊断表（节选）

组织现状	产生的原因
1. 薪酬是否恰当从而支持所期望绩效的达成？ □ 有竞争力 □ 公平 ☑ 没有	薪酬不恰当 ☑ 员工感到不公平
2. 是否有恰当的物质奖励支持所期望绩效的达成？ □ 员工认为奖励公平 □ 员工认为发放合理 □ 得到有效管理 ☑ 没有	缺乏恰当的奖励制度 □ 不公平

经过2小时的研讨，大家最终形成了统一的意见，认为目前企业没有达成原定业务目标的原因如下。

- 企业没有制定公平的薪酬从而恰当地支持所期望绩效的达成。
- 企业没有公平且被认可的高绩效和职位晋升之间的关联情况。
- 企业没有对员工进行及时激励。
- 企业存在行为正确却被惩罚、绩效不佳却被奖励的情况。

基于以上讨论，会议决定首先解决公平奖励激励机制问题，并成立了以CEO挂帅、人力资源总监具体策划、其他部门参与的项目。经过一个月的方案制订及在销售团队中试行，该项目取得了很好的效果，并于当年四季度在企业上下全面实施，最终该企业超额完成了原定的业务目标。

快速诊断表适合在短期内快速诊断，解决当前急迫的问题。当组织有更多的精力关注长期战略，特别是在制定一年以上的规划时，可以使用系统诊断表来解决更复杂且体系化的组织问题，如表5-5所示。

表5-5　BEM第三层诊断工具：系统诊断表

因素		组织措施	员工感受
激励因素	组织文化 荣誉体系		
	个人成长 组织认可		
保健因素	人际关系 上级关系		
	工作环境 薪酬政策		
	惩罚机制		

组织的激励-保健体系		
层面	优势	劣势
组织层面		
团队层面		

使用表5-5时应注意以下几点。

（1）诊断分析必须有根据。分析人员分析的不是期望的现状，而是真实的现状。分析人员可以从组织的财务报告、正式文件、会议报告、社会报道等材料中获取信息。若是不完整的或凭借经验得来的数据，需要对其进行严谨的分析和逻辑梳理，以使诊断分析更有效。

（2）员工感受的本质是一种非正式系统的体现，很重要。因为设计好的系统必须满足从事具体工作的人员的需求（Clapp，1974）。在调查员工感受时，要避免员工的回答充满演绎，因为演绎往往是主观的、天马行空的、不切实际的。规避演绎的方式之一是多问"是什么""发生了什么"，而少问"为什么"。我们在本章的教练技巧中提供了一些建议。

（3）分析人员应当包括高层管理者、中层管理者和明星员工。在组织研讨过程中，内部的绩效改进顾问应当主持和引导会议，提出有效的问题。如果有条件，也可以邀请外部绩效改进顾问参与，从而提高研讨的质量。

第五章
BEM第三层：激励，一致的逻辑

教练技巧

BEM第三层的一致性

在前文我们提到BEM第一层的特点是唯一性，BEM第二层的特点是多样性。BEM第三层的特点则是一致性。一致性包含两层含义：目的与行为的一致性和三源验证。

目的与行为一致可以让绩效较好的员工获得较高的总体满意度和更高的激励水平。与此相反，目的与行为不一致可能导致绩效好的员工的绩效并不是其高效的行为带来的，而可能是其不作为的行为带来的，就像俗语所说的那样："多做多错，少做少错，不做不错。"目的与行为不一致会伤害以正确的行为做事的人，从而降低他们的总体满意度，带来更低的激励性。另外，组织期望的结果与实际行为发生冲突，也是BEM第三层不一致的表现。

三源验证是指不同来源的信息不存在关键的矛盾点。在分析BEM第三层时，不仅要收集高层管理者、中层管理者的信息，还要收集基层员工的信息。针对不同的人群印证所收集的信息之间是否存在关键矛盾点。

在收集员工信息时，如果员工谈及的感受（演绎）较多，说明事实的内容较少，那么，对于员工感受方面的提问，应尽量使用客观的提问方式，多问"是什么""怎样""如何"，尽量避免问"为什么"。问"为什么"容易产生基本归因错误。基本归因错误的含义是，人们往往倾向于把他人做出不恰当行为的原因归结为其本身（如性格、素质等），认为是内部因素造成的，而将自己的错误行为归结为环境因素，认为是外部因素造成的。例如，你看到一个家长在杂货店里对其5岁的女儿怒目而视，并且用手指指着她的脸，你可能认为这个家长脾气暴躁，性格不好。如果你对自己5岁的女儿怒目而视，并且用手指指着她的脸，你可能认为自己的行为是由孩子的任性导致的。这种错误的归因会造成发现的原因都不是真正的原因。尽管这是人性使然，我们仍然希望你在提问的过程中尽量避免出现这种错误。表5-6展示了建议和不建议的提问方式示例。

表5-6 建议和不建议的提问方式示例

建议的提问方式	不建议的提问方式
·薪酬福利是怎样规定的	·为什么对薪酬福利不满意
·激励不够有效的表现有哪些	·为什么激励不够有效
·领导的价值观是什么	·为什么领导有这样的价值观
·是什么导致绩效未达成	·为什么绩效未达成
·你是如何成功的	·为什么你会成功
·你怎样获得了晋升	·为什么你会获得晋升
……	……

实战案例：BEM第三层诊断问题

陈兰是某知名餐饮连锁店上海某门店的店长，她最近遇到了一个难题。该连锁品牌非常注重客户满意度，始终将"客户第一"作为公司经营的根本理念。陈兰一直践行公司的经营理念，认为客户满意是经营制胜的关键。但是，近一年来，门店整体业绩不断下滑，尽管下滑得不多，但这是一个危险的信号。她尝试了很多促销活动，效果依然不佳，她迫切希望改变这个局面。她向集团总部申请专家实地调查，希望能够尽快发现到底哪里出了问题，并解决这个问题。集团专家不久就到达现场，并要求她与明星店员小李一起探讨。以下是他们的对话过程。

集团专家：我们实地观察了一天，陈兰，你想解决的问题是什么？

陈兰：止住业绩下滑，使我们店的业绩稳步回升。

集团专家：理解。那么，取得什么成果能够证明我们店业绩稳步回升了呢？

陈兰：我想一想，应该是客户满意度提升了。

集团专家：如何衡量客户满意度？有具体的指标吗？

陈兰：哦，我明白了。我们用客户的复购率来衡量。

第五章
BEM第三层：激励，一致的逻辑

集团专家：我们的客户复购率是如何定义的？公式是什么？

陈兰：我们以客户第三次到店作为复购的依据，因此，复购率等于第三次到店的客户数/总客户数。

集团专家：你如何判断客户是第三次到店呢？

陈兰：我们现在都使用二维码下单，可以根据后台数据判断。

集团专家：明白了。那我们的需求是提高门店的复购率。现在门店的复购率是多少？你希望是多少？

陈兰：现在门店的复购率是35%，我希望提升到60%（其他地区门店的复购率最高达到60%），截止到今年三季度吧。

集团专家：你能复述一下我们的问题吗？

陈兰：好的。目前遇到的问题是，如何提升门店的复购率从当前的35%到三季度的60%。我说的没错吧？

集团专家：非常好。

（集团专家通过"提出问题—衡量问题—描述问题"的定问题方式，并用6W2H将问题描述清楚，使大家对问题形成统一的认识。确定了真问题之后，需要用BEM做进一步分析。）

集团专家：我们对如何达成复购率有具体的要求吗？（永远从BEM第一层开始提问。）

陈兰：有的，而且非常有效。你也知道，公司新上线了数据平台，建立了数字化驱动的菜品管控体系，为员工提供了有效的资源和工具，让他们的工作变得更简单了。同时，我们的数据平台是即时反馈系统，可以迅速对客户的不满做出响应。在流程上，当客户不满时，一线服务人员可以在门店授权的范围内给予客户一定的折扣或赠送菜品等。我们也建立了监督机制，以保证每位店员的服务水平是一致的。整体而言，门店的运营是高效的。但这正是让我感到困惑的地方，明明我们的效率更高了，但我们的复购率一直无法提升，甚至有下滑的趋势。

创新绩效
BEM本土化解读和最佳实践指南

（通过陈兰的回答可以判断，该门店的BEM第一层和第二层是有效的，需要继续向BEM第三层探索，由于涉及奖励和激励，需要员工参与，以相互印证关键信息是否一致。）

集团专家：非常理解。我想问问小李，咱们激励员工这一块是如何规定的？

小李：我们有全勤奖和业绩奖金。但最近因业绩未达标，业绩奖金已经两个月没发了。

（陈兰也跟着点了点头，表示认同。）

集团专家：拿不到业绩奖金，大家的反应是什么？

小李：当然是不开心了。其实大家最近更努力了，但并没有得到更好的结果。

集团专家：你这里说的"更努力"具体指什么？

小李：我们从上个月开始，上菜速度有所提高，希望通过提高上菜速度提升客户的满意度。具体的规定是：8分钟内菜品上不齐，就免单。由于新数据系统的上线，我们通常都比较容易做到8分钟内将菜品上齐，高峰就餐时段偶尔会发生8分钟内上不齐的情况，结果给客户免单了，但对于这笔钱公司需要平账，所以由全体员工平摊。虽然这种情况发生的次数不多，但员工的奖金没了，还要平摊客户的消费，大家都不太开心。

集团专家：明白了。陈兰，推出这个新政策的目的是什么？

陈兰：我们希望通过这个新政策提高客户满意度。一般8分钟内都能上齐菜品。

集团专家：理解。那么，小李，发生过一次员工平摊客户的消费之后，店员们在工作上有什么变化吗？

小李（想了想）：应该是动作的速度加快了一些。其实公司给我们提供了非常高效的资源和工具，即使没有那么快，一般也能在8分钟内上齐菜品。上不齐只是偶尔发生的事情。

第五章
BEM第三层：激励，一致的逻辑

集团专家：我们店员的动作速度加快了，会不会忽略对客户的服务呢？例如，忽略原来的微笑服务，忽略询问客户"菜品如何"这类沟通服务？

小李：经常忽略，就是为了能够快速上菜。

集团专家：理解。另外，如果我们将这个规定执行得很好，如本月全部在8分钟内上齐菜品，对店员有什么激励或奖励吗？

小李：没有。

集团专家：我们希望客户更加满意，以提高客户的复购率，但我们现在为了加快上菜速度，忽略了原来与客户互动的服务，而且即使店员做到位了，每次都能在8分钟内上齐菜品，也没有得到任何奖励或激励。如果你是店员，你会怎么想呢？（目光转向陈兰。）

陈兰：我明白了。我想想怎么调整。

（通过分析发现，该门店在BEM第三层的一致性上出现了问题，门店希望通过加快上菜速度提高客户的满意度，以提高客户复购率，但出台的措施导致店员为了加快上菜速度而忽略了对客户的服务。同时，做得不好，店员会被罚（分摊客户的费用）；做得好，门店也没有任何激励和奖励给店员，这是导致客户复购率无法提升的根本原因。）

最终，陈兰调整了门店政策。原来的"8分钟内菜品上不齐，就免单"的规定保持不变，但不再对8分钟内菜品未上齐的情况予以惩罚，而是改为奖励，即如果当月未发生该种情况，将给予"上齐奖"和物质奖励。同时，对于服务好的员工，增设"当月服务之星"奖，不仅将该荣誉悬挂在门店显眼的位置，还会给予员工丰厚的奖金。经过调整，两个月后，门店的复购率从原来的35%提高到65%，该门店也成为集团旗下的明星店。

本章回顾

我们用一些简单的回顾性题目结束这一章。请从括号中选出最适合每句话的词语。

（1）BEM第三层的关键词是（☐简单有效　☐多样性　☐一致性　☐唯一性）。

（2）属于保健因素的是（☐监督　☐人际关系　☐成长与发展　☐公司政策和管理），属于激励因素的是（☐工作环境　☐具有挑战性的工作　☐提升责任感　☐对工作成就的认可）。

（3）使用BEM第三层快速诊断表主要解决（☐组织中短期激励存在的问题　☐系统性组织激励机制问题），而使用激励-保健理论相关诊断工具主要解决（☐组织中短期激励存在的问题　☐系统性组织激励机制问题）。

（4）负激励（☐可以　☐不可以）在组织中单独使用。负激励有效，但无长效。

（5）期望的结果发生和期望的结果未发生，其背后真正的决定因素是（☐激励的力度是否足够　☐BEM前两层是否有效）。

回答和解释

（1）BEM第三层的关键词是一致性，包括目的与行为的一致性和三源验证。目的与行为一致可以让绩效较好的员工获得较高的总体满意度和更高的激励水平。与此相反，目的与行为不一致可能导致绩效较好的员工的绩效并不是其高效的行为带来的，而可能是其不作为的行为带来的。另外，组织期望的结果与实际行为发生冲突，也是BEM第三层不一致的表现。三源验证是指不同来源的信息不存在关键的矛盾点。

（2）属于保健因素的是监督、人际关系、公司政策和管理，这些因素往往是外部激励，与物质激励相关。属于激励因素的是具有挑战性的工作、提升责任感、对工作成就的认可，这些因素往往是内部激励，与精神激励相关。

（3）使用BEM第三层快速诊断表主要解决组织中短期激励存在的问题，在实践中这个工具快速有效。而使用激励-保健理论相关诊断工具可以系统地发现和解决组织激励机制问题，使用这个表时要求使用者熟练掌握教练技巧，从而深度挖掘组织中长期需要规划和积极应对的问题。

（4）负激励不可以在组织中单独使用。负激励有效，但无长效。因此，当组织决定建立负激励机制时，需要与正激励机制形成一整套激励机制，最好不要单独建立负激励机制。坚持"正向为主、负向为辅；正向在先、负向在后"的原则，正、负激励协调配合使用。

（5）期望的结果发生和期望的结果未发生，其背后真正的决定因素是BEM前两层是否有效。如果构建了有效的BEM第一层和第二层，则期望的结果会发生。激励和奖励的作用是加速，即使期望的结果早点发生。期望的结果未发生，则说明BEM第一层和第二层的构建是无效的，或者直接跳到了第三层。

第六章

BEM个人因素：蝶变，人效的跃迁

组织中的大部分问题都可以直接用BEM诊断，其中大约85%的原因出在BEM的上三层（组织因素），但这并不代表BEM下三层（个人因素）不重要，或者可以忽略。这一点可以通过以下测试来说明。请仔细看图6-1，描述一下你看到了什么。然后观察一下图片中头顶、眼睛、鼻子、嘴巴、下巴的线条，实际上你看到了什么？是人脸、老鼠还是其他形象？

图6-1 小测试

正如这个小测试的结果，不同的人会将同样的事物理解为不同的东西，得出不同的结论。导致这种现象的原因，是人们所具备的知识、技能、智力、体力、动机和态度不同，这些正是BEM下三层的因素。日常人们习惯从个人因素中找原因，常常把问题归结于人的问题，如能力不行、缺乏动机等。本章将介绍BEM下三层的因素，更重要的是帮助大家找到BEM下三层因素与上三层因素之间的关系，从而找到问题产生的根本原因，从根本上解决问题。

核心概念

BEM第四层：知识与技能

BEM第四层因素是知识与技能，知识与技能在个人因素中最重要，优秀的人才恰恰在这方面具备优势。知识通常指在某个领域，用来阐述事实、解释事情、促进任务完成和认知提升的相关信息。例如，中国的首都是北京，交通规则是红灯停、绿灯行，中国是四大文明古国之一，等等。这些关于一切认知类型的总结，都是知识。技能则是在获得相关知识的基础上，通过一定的练习或实践获得的某一领域的技能。简单来说，技能就是人们必须通过实操才能形成肌肉记忆的东西，如游泳、骑自行车、开车、写作、做PPT等，这些需要通过实操和不断练习才能掌握的东西，全部属于技能。下面通过一个练习帮助大家更好地区分知识和技能。

> 请判断以下几项哪些是知识，哪些是技能。
>
> _____ 1. 知道2022年冬奥会举办地在北京。
>
> _____ 2. 滑雪。
>
> _____ 3. 阐释上海疫情最新防控政策。
>
> _____ 4. 制作短视频。
>
> 你的回答是什么呢？
>
> 请将书倒过来看参考答案。
>
> 答案：
> 1、3 的属于知识。
> 2、4 的属于技能。

BEM第五层：智力与体力

BEM第五层因素是智力与体力，也是通常所说的能力，是人类与生俱来的能力。心理学界对智力的定义至今众说纷纭，但一般都认为，智力是人从事认识活动时，反映客观事物并运用知识解决实际问题所必须具备的一般能力。世界著名教育心理学家霍华德·加德纳（Howard Gardner）在《智力的结构》一书中提出了多元智力理论，明确将人的智力分成8种，如表6-1所示。

在不同的时期，人们对体力的认知也不同。有观点认为体力是人体肌肉收缩时所产生的一种力量，包括握力、推力、拉力等；也有观点认为体力表示人体系统的功能特征，是人类从事外部活动所必需的动力因素，如速度、力量、灵敏性、协调性等。但无论哪种观点都认为体力是人类生存和发展的最基本条件。同一个人在不同的时期体力也会有差异。研究表明，25～45岁是人的体力最旺盛、最容易出成果的时期；45岁之后，体力开始逐渐衰退。这也是当下职场中"35岁现象"日益严峻、人们面临中年危机的主要原因。

表6-1 多元智力理论：8种智力分类

序号	类别	定义
1	语言智力	指语言、文字能力，典型职业有作家、记者
2	数学逻辑智力	指逻辑、运算、分析能力，典型职业有数学家、工程师、律师、侦探等
3	音乐智力	指感受、欣赏、创作音乐的能力，典型职业有歌唱家、指挥家、作曲家
4	身体运动智力	指精确控制身体达成运动目的，或者用身体进行自我表达、创造的能力，典型职业有运动员、舞蹈家、外科手术医生
5	视觉-空间智力	指感受和辨别视觉要素与空间关系的能力，典型职业有画家、雕刻家等
6	人际智力	指敏锐地体察他人意图与情绪、做出行为调适的能力，典型职业有公关人员、对话节目主持人、政治家等
7	内省智力	指反省、深入理解自己内心世界的能力，典型职业有哲学家、文学家等
8	自然观察者智力	指观察自然界中各种事物的形态、总结自然规律的能力，典型职业有生物学家、生态学家、化学家、天文学家等

第六章
BEM个人因素：蝶变，人效的跃迁

BEM第六层：态度与动机

BEM第六层因素是态度与动机，两者也是管理者在"修理人"时最常用的理由。态度是指个体对特定对象的较为稳定的心理倾向。一般认为，这种倾向包含认知、情感、行为3种成分。认知成分是个体对特定对象的评价，包括对特定对象的认识、理解、相信、怀疑、赞成、反对等。例如，"我们认为学习BEM有助于诊断组织问题"这句话表明了个体对BEM的理解和评价。情感成分是个体对特定对象产生的情感体验，如尊重、藐视、同情、冷漠、喜欢、厌恶等。例如，"我喜欢运动""我讨厌早起"反映了个体对运动和早起两个特定对象的不同情感。行为成分则是个体对特定对象的反应倾向或对行为的预备反应。例如，"我们想推荐本书供大家学习"表明了个体行为的思想倾向，而不是行为本身。

现代心理学将动机定义为激发和维持个体活动，并使活动朝着某一目标前进的内部原因和动力。关于动机的理论研究众多，目前主流动机理论大致可以分为3个派别：人本主义、行为主义和认知主义，如表6-2所示。人本主义强调个体的内在需求和成长，关注人的情感和自我实现的潜力。人本主义的理论基于对人类本质的积极看法，强调个体的自主性和对意义的寻求。行为主义认为行为是对外部刺激的响应，关注条件反射和学习过程。行为主义的理论基于观察到的行为，试图解释行为的原因和动机。而认知主义关注人的思维过程和知觉，强调认知、信念和期望对动机的影响。认知主义的理论基于个体的主观体验和对信息的加工。

表6-2 主流动机理论发展汇总

派别	理论	代表人物	时间
人本主义	需求层次理论	亚伯拉罕·马斯洛	1943年
	X理论和Y理论	道格拉斯·麦格雷戈	1960年
	超Y理论	约翰·莫尔斯	1970年
	Z理论	威廉·大内	1981年

续表

派别	理论	代表人物	时间
行为主义	强化理论	布雷登·斯金纳	20世纪
	内驱力理论	克拉克·赫尔	1956年
	双因素理论	费雷德里克·赫茨伯格	1959年
认知主义	需求理论	戴维·麦克利兰	20世纪50年代
	成败归因论	伯纳德·韦纳	1974年
	自我效能感	阿尔伯特·班杜拉	1977年
	自我决定论	爱德华·德西和理查德·瑞安	1980年

应用工具

对BEM下三层进行诊断看上去并不困难，管理者也倾向于将问题归结于个人因素。但事实上，哪怕诊断出BEM下三层的影响因素，问题也难以解决，或者解决的代价过于昂贵。这时就需要转换解决思路，找到BEM下三层因素与上三层因素之间的关系，通过将下三层的原因转换成上三层的原因，就能够以更小的代价解决问题。

本节将介绍两个应用工具，一个是BEM层级转换器，通过将BEM下三层的原因转换为BEM上三层的原因，用更小的代价解决问题。另一个是根因冰山分析法，这个工具并不是每次都能用到的。如果通过BEM层级转换器转换后发现真正的原因不超过5个，则根据原因直接设计创新方案即可。如果真正的原因等于或超过6个，建议使用该工具，这个工具就像漏斗一样，可以筛选出更少的根本原因，从而有针对性地解决问题，更具有性价比。

工具1：BEM层级转换器

BEM层级转换器是将BEM下三层的原因通过问题清单转换到对应的BEM上三层原因，如图6-2所示。使用时，在BEM层级转换器的一边输入所诊断的BEM下三层原因，通过问题清单进行层级关系转换，输出对应的BEM上三层原因。

第六章
BEM个人因素：蝶变，人效的跃迁

原有BEM下三层原因
1. _____
2. _____
3. _____

转换过程 问题清单

转换为BEM上三层原因
1. _____
2. _____
3. _____

1. _____
2. _____
3. _____

图6-2　BEM层级转换器

接下来将通过一个具体的例子帮助大家理解如何使用该工具。

假设原有的BEM下三层原因是"销售人员缺乏与客户迅速建立信任的技能"，这是BEM第四层的原因，缺乏知识与技能。可以通过BEM层级转换器将下三层的原因向上三层进行转换分析（见图6-3），具体的使用方法如下。

原有BEM下三层某原因
1. 销售人员缺乏与客户迅速建立信任的技能

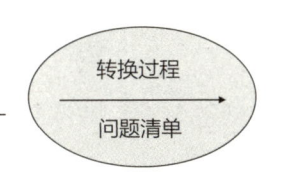

转换过程 问题清单

转换为BEM上三层某原因
1. 我们没有对"销售人员缺乏与客户迅速建立信任的技能"建立有效的标准

1. 是否建立了有效的/有人监督的相关标准（要求或机制）
2. 是否将相关标准告知得清楚/有效或者相关信息分类是否清楚/有效
3. 对于员工做的好坏，是否得到及时的反馈

图6-3 BEM层级转换器（向BEM第一层转换）

（1）在BEM层级转换器左边的横线上输入BEM下三层的具体原因"销售人员缺乏与客户迅速建立信任的技能"。

（2）转换过程：诊断永远从BEM第一层开始。使用BEM第一层的问题清单进行转换时，可以结合YES模型进行提问，BEM第一层的问题清单具体包括以下内容。

- 是否建立了有效的/有人监督的相关标准（要求或机制）？
- 是否将相关标准告知得清楚/有效（或者相关信息分类是否清楚/有效）？
- 对于员工做得好或不好，是否给予了及时的反馈？

（3）回答BEM第一层问题清单中的问题，然后将思考后的BEM第一

层原因输出到BEM层级转换器的右边。值得一提的是，输出的语言建议使用"我们没有……"句式，以便把BEM下三层的原因转换为BEM上三层的原因。转换后，输入的原因可能是"我们没有建立有效的相关标准"，也可能是"我们没有将相关标准告知销售人员"，还可能是"对于销售人员做得好或不好，我们没有做出及时的反馈"。前文提到，BEM第一层具有唯一性的特点。如果发现问题是"我们没有建立有效的相关标准"导致的，就不需要继续分析BEM第一层的信息因素和反馈因素；如果不是标准的问题，则继续分析BEM第一层的信息相关问题或反馈相关问题。

（4）如果发现BEM第一层没有问题，则可以继续向BEM第二层转换。同样可以结合YES模型进行提问，BEM第二层的问题清单如下。

- 是否建立了必备的/有效的/有人监督的资源？
- 是否建立了简单的/有效的/有人监督的工具？
- 是否建立了简单的/有效的/有人监督的流程？

（5）回答BEM第二层问题清单中的问题，然后将思考后的BEM第二层原因输出到BEM层级转换器的右边。输出的语言建议使用"我们没有……"句式，以便把BEM下三层的原因转换为BEM上三层的原因。具体的转换过程如图6-4所示。

原有BEM下三层某原因

1. 销售人员缺乏与客户迅速建立信任的技能_____

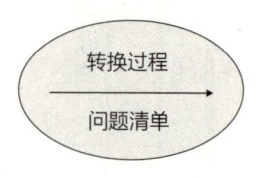

转换过程
问题清单

转换为BEM下三层某原因

1. 我们没有对"销售人员缺乏与客户迅速建立信任的技能"提供必备的资源_____
2. 我们没有对"销售人员缺乏与客户迅速建立信任的技能"提供有效的工具_____
3. 我们没有对"销售人员缺乏与客户迅速建立信任的技能"提供清晰的拜访流程_____

1. 是否建立了必备的/有效的/有人监督的资源
2. 是否建立了简单的/有效的/有人监督的工具
3. 是否建立了简单的/有效的/有人监督的流程

图6-4　BEM层级转换器（向BEM第二层转换）

第六章
BEM个人因素：蝶变，人效的跃迁

前文提到BEM第二层具有多样性的特点，如果发现问题是BEM第二层因素导致的，则需要对BEM第二层的所有因素进行分析，而不是只分析其中某个因素。从实践的角度来看，组织中分析出的原因大部分（85%以上）来自BEM第一层和第二层。如果发现问题的原因不在这两层，再分析是否在BEM第三层。BEM第三层的问题清单如下。

- 是否期望的结果出现，希望加快发生？如果期望的结果未出现，则回到BEM第二层。
- 是否奖励激励的合理性/公平性/一致性出现了问题？

（6）回答BEM第三层问题清单中的问题，然后将思考后的BEM第三层原因输出到BEM层级转换器的右边。同样，输出的语言建议使用"我们没有……"句式，以便把BEM下三层的原因转换为BEM上三层的原因。具体的转换过程如图6-5所示。

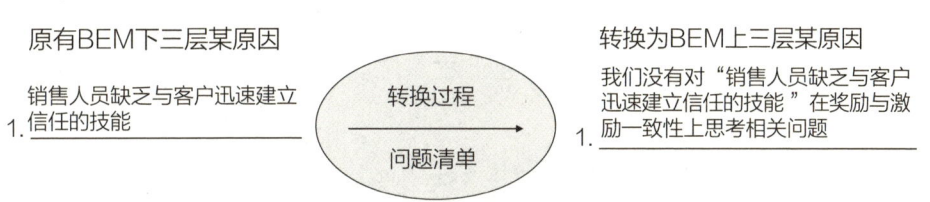

原有BEM下三层某原因　　　　　　　　　转换为BEM上三层某原因

1. 销售人员缺乏与客户迅速建立信任的技能　　　（转换过程 问题清单）　　1. 我们没有对"销售人员缺乏与客户迅速建立信任的技能"在奖励与激励一致性上思考相关问题

1. 是否期望的结果出现，并希望加快发生？如果期望的结果未出现，则回到BEM上二层
2. 是否奖励与激励的合理性/公平性/一致性出现了问题？

图6-5　BEM层级转换器（第六层）

BEM下三层的因素和上三层的因素同样重要，只是难以改变。在诊断BEM下三层时，除了识别每层的具体问题，也可以通过转换思路，换个视角，从BEM上三层解决问题。这样不但能让问题变得更简单，问题产生的原因也会变得更加真实。

有时候找到问题的真正原因还不够，尤其是当原因有很多（6个及以上）时，还需要找到根本原因。这时，就需要使用第二个工具——根因冰山分析法，确定根本原因。注意这个工具需要在应用BEM层级转换器之后再使用。这一点非常重要。

工具2：根因冰山分析法

根因冰山分析法是一个经验工具，其实质是根据BEM层级转换器转换后的各个因素进行一一配对比较，从而分析出根本原因。该工具被广泛应用于组织中的各种场合。根因冰山分析法主要用来分析3类原因：表面原因、过渡原因和根本原因，如图6-6所示。

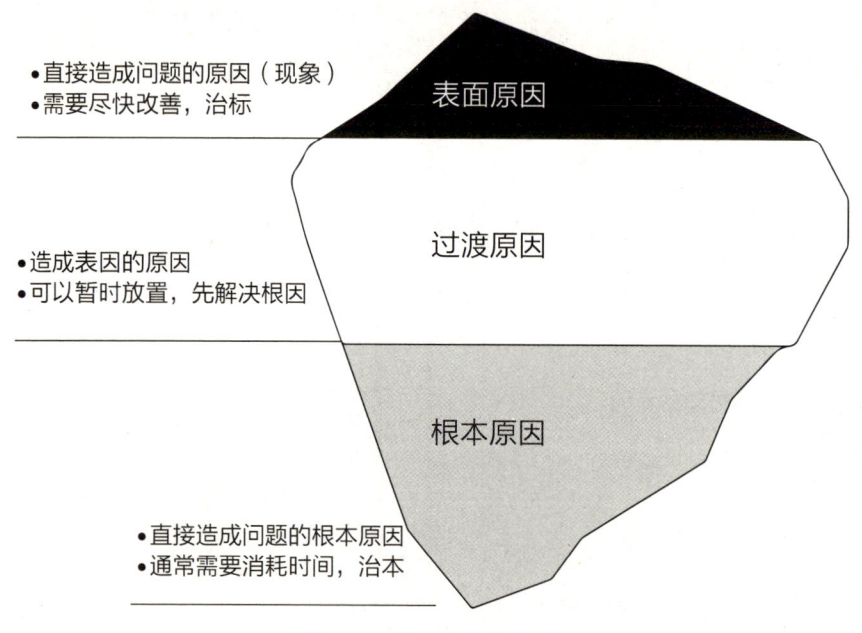

- 直接造成问题的原因（现象）
- 需要尽快改善，治标

表面原因

- 造成表因的原因
- 可以暂时放置，先解决根因

过渡原因

根本原因

- 直接造成问题的根本原因
- 通常需要消耗时间，治本

图6-6　根因冰山分析法

表面原因是直接造成问题的原因（现象），解决表面原因可以快速改善问题，但治标不治本。过渡原因是造成问题的间接原因，在解决了根本原因之后，往往过渡原因就消失了。根本原因是直接造成问题的根本性原因。根本原因往往具有隐蔽性，需要抽丝剥茧才能够找到。解决根本原因治标又治本，但往往需要花费更多的时间和资源。

通过BEM层级转换器找出若干原因后，接下来就可以运用根因冰山分析法找出根因了。第一步，随机罗列找到的真正原因（以下原因已经过BEM层级转换器转换为BEM上三层的原因），如表6-3所示。

表6-3　罗列整理后的真正原因（示例）

1. 我们没有建立及时的跨部门反馈机制
2. 我们没有把"奶牛型"客户的标准有效告知员工
3. 我们没有提供提高客户转化率的有效工具
4. 我们没有提供有效的收集客户信息的话术
5. 我们没有提供有效的邀约话术
6. 我们没有建立有效的客户反馈机制
7. 我们没有对工作流程进行监督反馈
8. 我们没有建立客户满意度评估标准

第二步，从罗列的第一个原因开始，将每个原因与下一个原因进行一一配对比较，分析两者之间的因果关系。如果是因，则标记"-"，如果是果，则标记"+"。例如，将原因1与原因2进行配对比较，如果原因1是因，就在原因1的旁边标记"-"，对应的原因2是果，就在原因2的旁边标记"+"。以此类推，如果没有因果，则可以不标记。值得注意的是，当原因1与其他原因一一配对比较后，再将原因2与之后的原因进行一一配对比较，直到原因7和原因8也配对比较完毕，之后就可以计算有多少个-和多少个+，如表6-4所示。

表6-4　对原因进行配对比较后的结果（示例）

1. 我们没有建立及时的跨部门反馈机制	– – + +	0
2. 我们没有把"奶牛型"客户的标准有效告知员工	+ – + +	+2
3. 我们没有提供提高客户转化率的有效工具	– –	–2
4. 我们没有提供有效的收集客户信息的话术	+ + + + + + +	+7
5. 我们没有提供有效的邀约话术	+ –	0
6. 我们没有建立有效的客户反馈机制	– – – –	–4
7. 我们没有对工作流程进行监督反馈	– + + +	+2
8. 我们没有建立客户满意度评估标准	– – – + –	–3

第三步，将最终汇总的分数除以2，之所以除以2，是我们根据经验总结的，这样更容易区分出根因，然后将除以2后的最高分和最低分分别作为表面原因与过渡原因的分割线、过渡原因与根本原因的分割线。使用根因冰山分析法确定最终的根本原因，如图6-7所示。

创新绩效
BEM本土化解读和最佳实践指南

```
              表面原因
                 4.我们没有提供有效的收集客户信息的话术   3.5
              过渡原因
                 1.我们没有建立及时的跨部门反馈机制
                 2.我们没有把"奶牛型"客户的标准有效告知员工
                 3.我们没有提供提高客户转化率的有效工具
                 5.我们没有提供有效的邀约话术
                 7.我们没有对工作流程进行监督反馈
              根本原因                                  −2
                 6.我们没有建立有效的客户反馈机制
                 8.我们没有建立客户满意度评估标准
```

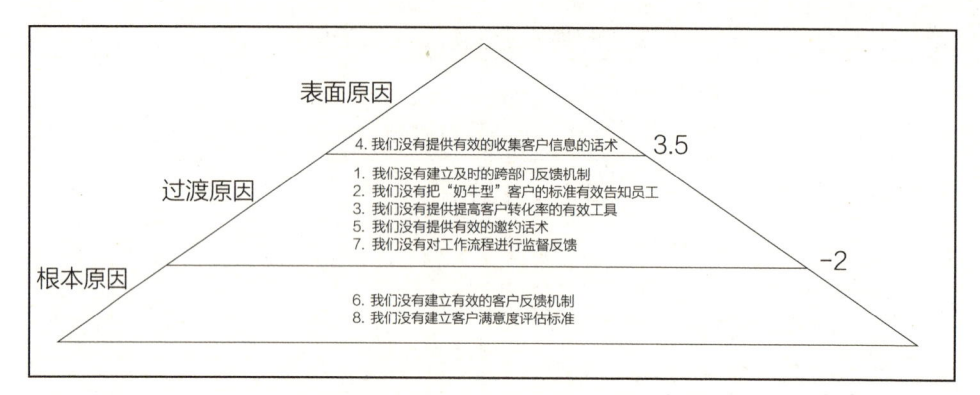

图6-7 使用根因冰山分析法找出根本原因（示例）

根据分析出的表面原因和根本原因，可以进一步制订合适的创新方案。只有解决根本原因才算真正的对症下药，治标又治本。需要注意的是，根因冰山分析法是一种咨询工具，是咨询顾问们在大量的实践过程中总结出来的，是经验的产物，而非理论的产物。因此，在使用根因冰山分析法时，为了提高根本原因的精准度，我们建议尽量让团队共同决策，对因果关系达成共识，而非听从某个人的决定。

教练技巧

在BEM下三层因素的诊断中，重要的是向BEM上三层转换，以及找到问题的根本原因。之所以向BEM上三层转换，是因为"分析下一层的原因解决不了上一层的问题"，根本原因往往在BEM上三层。在分析根本原因的过程中，需要注意"责任在我"，而非"责任在你"。

阅读下面的案例，请思考：到底是谁的问题？

会议主题：今年业绩没有达到预期的结果。

总经理：销售总监，说说为什么没达标。

销售总监：因为没有客户线索。

大家的目光都转向营销总监。

营销总监：我们的品牌存在感本来就低，口碑还是负面的，怎么搞营销？

市场总监：口碑确实不好，拖累了品牌。

大家的目光又转向运营总监。

运营总监：投诉比客户都多，存量客户都快留不住了，还怎么搞口碑？

客服总监：服务器老宕机，客户肯定投诉。

大家的目光又转向研发总监。

研发总监：大家几乎已经"996"了，人员确实不够。

人力总监：编制年初就用完了。

大家的目光又转向财务总监。

财务总监：今年我们是按销售收入做的预算，研发编制只有这些，超了就发不出工资了。

总经理：……

这个故事可以很好地引起大家的反思。人们在找原因及根本原因时，往往习惯从外部或别人的身上找原因，如果把原因都归于"责任在你"，就没有办法解决问题，因为只有自己的问题才可控，才好解决。因此，要考虑"责任在我"。这里向大家介绍一个好用的应对技巧——原因转化。通过原因转化，先从自己的角度思考还有什么没有做好，这样问题才能更好地被解决。

原因转化技巧

若将原因归为"责任在你"，通常有以下3种原因。

- 客观原因：将问题归结为客观存在的且不易改变的原因，如产品、价格、服务、竞争对手、国家政策等。
- 外部原因：问题不在本企业，而是由合作方（如供应商和上下游客户）造成的。
- 别人的原因：问题是由下属或跨部门人员造成的。

当原因属于以上3种之一时，问题难以解决，因为问题与自身无关，这时就需要对原因进行转化（见图6-8），将客观原因转化为主观原因，

创新绩效
BEM本土化解读和最佳实践指南

将外部原因转化为内部原因，将别人的原因转化为自己的原因。

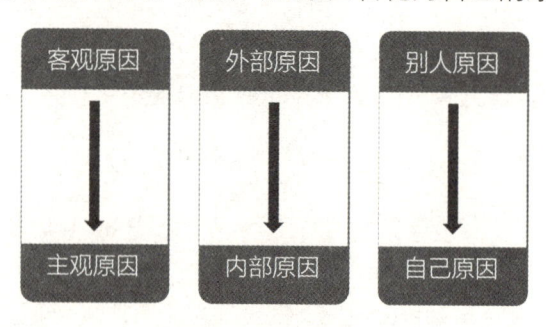

客观原因	外部原因	别人原因
↓	↓	↓
主观原因	内部原因	自己原因

图6-8　原因转化

在转化时可以遵循如下公式。

"我们没有" + 对 "原有原因" +（YES模型）

BEM某层某因素

以上公式可能会让你感到困惑，不知道如何应用。下面通过一个练习帮助你理解该公式。假设某业务团队对今年业绩不好的原因进行分析，发现其中一个原因是"疫情影响了销售业绩"。这是一个客观原因，可以使用转化公式将客观原因转化为主观原因，目的是通过自己的努力解决问题，而不是抱怨客观因素。客观原因是：

疫情影响了销售业绩

先不要看下面的答案，请先将你转化后的原因填写到上面的方框内，再继续阅读。

可以用转化公式将客观原因转成主观原因，最初原因是"疫情影响了销售业绩"，用"我们没有"开头，转化后的表述为：

我们没有对"疫情影响了销售业绩"（写下转换前的原因）

接下来，先从BEM第一层进行分析。BEM第一层的第一个因素是标准（应对机制）。根据YES模型，进一步探讨是应对机制的哪个方面出了

第六章
BEM个人因素：蝶变，人效的跃迁

问题。如果业务团队建立了应对机制，那么这个应对机制目前是否有效？如果有效，那么这个应对机制的执行过程是否有人监督？经过这样的转化，业务团队最终认为有应对机制，但不够有效。因此，转化后的最终原因为：

> 我们没有对"疫情影响了销售业绩"建立有效的应对机制

通过原因转化，把原因归为主观的、内部的或自己的，从而将问题变得可控，且与自己相关，这样问题就容易解决了。因此，当你习惯将问题归因于自身时，一切就变得简单了。

本章回顾

我们用一些简单的回顾性题目结束这一章。请从括号中选出最适合每句话的词语。

（1）BEM第四层知识与技能因素是个人因素中最重要的因素，其中"我知道1+1=2"属于（□知识　□技能）。

（2）态度通常包括（□认知　□情感　□行为　□结果）3种成分，"我讨厌下雨天"属于（□认知　□情感　□行为　□结果）成分。

（3）使用BEM层级转换器时，首先在BEM层级转换器的左边输入（□上三层原因　□下三层原因　□其他原因），通过问题清单进行逐层转换，并在BEM层级转换器右边输出对应的（□上三层原因　□下三层原因　□其他原因）。

（4）根因冰山分析法主要用来分析（□表面原因　□外部原因　□过渡原因　□内部原因　□根本原因）3类原因，只有当完成BEM层级转换且原因等于或大于（□3个　□6个　□10个）时，才使用该方法。

（5）要记住，分析下一层的原因解决不了上一层的问题，同时注意

115

"责任在我",而非"责任在你"。可以利用原因转化工具进行原因转化,包括(☐将客观原因转化为主观原因 ☐将外部原因转化为内部原因 ☐将他人的原因转化为自己的原因 ☐将被动原因转化为主动原因)。

回答和解释

(1)BEM第四层知识与技能因素是个人因素中最重要的因素,知识通常指在某个领域,用来阐述事实、解释事情、促进任务完成和认知提升的相关信息。技能则是在获得相关知识的基础上,通过一定的练习或实践而获得的某一领域的技能。其中"我知道1+1=2"属于知识。

(2)态度指个体对特定对象较为稳定的心理倾向。一般认为,这种倾向包含认知、情感、行为3种成分。"我讨厌下雨天"属于情感成分。

(3)BEM层级转换器可以将BEM下三层的原因通过问题清单转换到对应的BEM上三层原因。使用该工具时,在BEM层级转换器的左边输入诊断出的BEM下三层原因,通过问题清单进行层级关系转换,输出对应的BEM上三层原因。

(4)根因冰山分析法主要用来分析表面原因、过渡原因、根本原因,只有在应用了BEM层级转换器之后且通常原因在6个及以上时才使用该工具。

(5)分析下一层的原因解决不了上一层的问题,人们往往容易产生归因错误,将问题出现的原因归为外部原因、客观原因、他人的原因。可以通过原因转化工具将客观原因转化成主观原因,将外部原因转化成内部原因,将他人的原因转化成自己的原因。这样问题就变得和自己相关了,也更容易找到解决问题的方法。

第七章

BEM视角下的数字化转型

数字化时代已经到来，大数据、云计算、区块链、人工智能、5G、元宇宙……人们对这些概念已不陌生，并无时无刻不在享受着数字化带来的便利。未来的竞争也不再局限于人与人之间的竞争，而是人与机器人（人工智能）之间的竞争。这样的案例比比皆是。

办公室里机械性、重复性、程式化的工作将被Betty（办公机器人代号）技术取代。

斯坦福大学研究团队开发出了用于诊断皮肤癌的人工智能，其诊断的准确率达到91%以上。

韩国《金融新闻》编辑部启用了一名人工智能记者，只需0.3秒就可以写出一篇关于股市行情的新闻报道。一半以上的读者阅读后表示分不清该报道到底是人写的还是机器人写的。

以ChatGPT为代表的人工智能的横空出世，冲击了很多组织的商业模式。

现代化的工厂没有人类。

数据已经渗透到人类社会各个行业和业务的职能领域，成为最基本的生产因素。越来越多的组织主动或被动地开始了数字化转型之路，数字化已经成为每个组织的必答题，而非选择题。在BEM中，数据原本在第一层，但随着科技的日新月异，尤其是在数字化时代，我们认为BEM的每一层都需要考虑数据。因此，我们将原本对组织数据因素的诊断升级为对组织数字化转型成熟度的诊断，这是基于对未来的洞察做出的调整。由于我们对数字化领域的研究也在不断探索之中，因此以下仅分享我们对数字化的一些浅薄的思考和见解。

核心概念

人们都在谈论数据，到处宣传数据可以带来价值。到底什么是数据？数据又可以产生什么价值？关于什么是数据，不同的人有不同的见解。传统的看法是，数据就是数字。另一种常见的观点是，数据就是信息。这两种观点都有其合理性，也有明显的缺陷，所以可以将两者结合起来：但凡可以记录下来的都是数据。随着技术的进步，记录数据的手段越来越多，所以数据的表现形式也越来越多元，可以是数字，也可以是图形或视频等。从数据的定义来看，产生数据的第一步是记录，记录下来的数据怎么产生价值呢？这就需要考虑数据分析和应用。因此，要让数据产生价值，需要经过3步，如图7-1所示。

数据记录 ➡ 数据分析 ➡ 数据应用

图7-1　数据产生价值的3步

第一步：数据记录

要想让数据产生价值，首先要有数据。在真实的工作坊中，人们经常遇到的难题是学员在讨论问题时没有数据记录。这并不是最糟糕的，最糟糕的是讨论结束后没有开展任何数据记录工作。数字化时代，收集、记录数据的手段和形式多种多样，越来越多的企业建立了内部数据系统，用来存储和记录各种类型的数据。在数据记录方面，很多企业和个人遇到的挑战一是存在数据缺失，即没有记录；二是采集的数据无效，即不知道需要记录什么数据。我们认为BEM的每一层都需要考虑数据，要解决数据记录中存在的这两个问题。可以借助BEM从第一层开始，对每层内容记录想要的数据。

客户数据是企业最有价值的资产，也是企业的核心竞争力。以企业最关注的客户数据记录为例，企业需要记录客户的哪些数据呢？利用BEM进行分析，在BEM第一层信息层，可以记录客户的基本信息，即客户的属性数据，如姓名、性别、年龄、受教育程度、职业、联系方式等。这些数据可以根据客户注册登记、交易账单、物流信息、咨询服务等渠道导入企业的数据平台。客户的基本信息相对比较容易获得。在BEM第二层流程层，客户与企业主要通过交易关系互相连接，交易关系则是通过一系列的流程行为产生的。因此，在BEM第二层流程层，需要记录客户在各个流程节点的行为数据，如访问登录、搜索、收藏的商品、询价咨询、购买的品牌、评论投诉、点赞、转发等，这些行为数据刻画了用户的行为轨迹。在BEM第三层结果层，通过前两层数据的记录，可以得出客户与企业的关系如何，在第三层则需要记录客户关系数据，如每天的人流量数据、浏览数据、消费数据、用户需求数据等。通过对客户数据的记录，可以得到对企业有用的信息，并使其产生价值。

第二步：数据分析

只有数据记录还不够，数据本身是没有意义的，因此需要对数据进行分析。只有进行有效的数据分析，才能帮助人们进行决策或做出预测。目前企业和管理者们面临的问题可能不再是没有数据或数据过少，而是无法从过多的数据中找到自己需要的信息。数据越多，数据之间的关联性就越强，但如果不能对这种关联性进行恰当的分析，数据就会误导人们。现实中经常发生"数据骗人"从而导致做出错误决策的情况，给企业和个人带来重大损失。在数据分析阶段，目前企业大多存在两个问题：一是缺乏有效的数据分析工具；二是缺乏数据分析能力。然而，也有很多企业充分利用数据分析创造了巨大的商机。

全球电商巨头亚马逊能实现从亏损到年利润300多亿元的巨大转变，

> **创新绩效**
> BEM本土化解读和最佳实践指南

主要归功于它强大的推荐系统。该系统能够让客户发现自己潜在的需求。亚马逊将客户在网站内的所有行为都通过系统记录下来，根据数据的特点进行分类处理，利用数据分析客户的购买行为，有针对性地进行商品推荐。例如，"今日推荐"根据客户当天浏览的数据记录，向客户推荐一些点击量最高或购买量最大的产品；"新产品推荐"则根据客户搜索的内容为客户提供大量新产品信息。在此基础上，亚马逊利用大量真实的数据进一步分析客户偏好，推出了捆绑销售策略，为客户提供更多选择，方便客户挑选。

第三步：数据应用

分析的目的是应用。只有客观的记录和有效的分析，才能够提供有价值的应用。可以说，数据优势是未来商业战场上的一把利刃，可以让企业成为商业战场上的常胜将军。越来越多的企业开始用数据来驱动产品和运营决策，让数据产生真正的价值。当然，有很多企业的数据现状尤其是应用现状并不乐观，有些企业并不知道自己的核心数据有哪些；有些企业有核心数据，但质量一般；有些企业有高质量的数据，但数据大多是互相独立的，无法协同，也无法与业务连接。为了更好地应用数据，许多企业开始建立数据共享服务应用平台。下面通过一个与人们的日常生活紧密相关的案例分析如何应用数据。

目前各地方政府都在大力推进"一网通办"，通过一网受理，让群众办理业务只需要跑一次就能办成。要想实现"一网通办"，需要打通各个部门之间的数据，"让数据多跑路，让群众少跑路"。举例来说，过去一个人如果想开家饭店，需要办理营业执照、食品经营许可、餐饮备案、健康证、消防备案……一系列手续办下来需要跑五六个部门，提交30份材料，接受至少3个部门的现场核查，审批时间至少一个月。现在各部门之间的数据打通了，实现了"一网通办"，所需材料只需5份，核查只需1次，审批时间也缩短到不到一周，申请人只需跑一次窗口，之后回家等消息即可。通过数据的共享应用，可大幅提高效率和节约时间成本。

组织能力+数字化

数据产生价值的三步是对数据因素进行的基础管理。数据原本属于BEM第一层的因素，可以用来对企业数据管理现状进行诊断。在数字化时代，所有事物都可以被记录，数据成为基本的生产要素。对数据仅进行基础的管理和诊断，已经无法满足企业发展的需要。企业成功的关键途径之一是主动拥抱趋势，实现数字化转型。数字化转型已是大势所趋，企业与个人都应当与时俱进，所以我们提出将数据升级为数字化，未来BEM的每一层都需要考虑数字化。当数字化遇到BEM，会产生什么样的化学反应？又能给人们带来什么启发？

BEM第一层 + 数字化

BEM第一层包含3个因素：标准、信息、反馈。前文提出BEM第一层具有唯一性，诊断永远从第一层开始，因为组织中很多问题的根因通常是第一层的因素不够有效。在诊断标准因素时，我们发现很多组织往往存在以下问题。

- 缺少标准，无法对绩效进行量化评价。
- 工作标准貌似有，但操作时无处可寻。
- 有清晰定义的标准，但标准的执行过程很难监控。

面对这3个层层递进的问题，如果仅依赖人来解决恐怕很难。如果借用数字化的手段呢？如果在各类标准的制定、实施、监督过程中产生的各种数据能够通过技术手段被随时随地获取和使用，就能解决上述问题。数字化不仅能解决标准因素的问题，也能解决BEM第一层其他两个因素的问题，即组织信息获取的及时性和有效性问题，以及及时监督反馈的问题。

Humanyze是一家诞生于麻省理工学院媒体实验室的公司，它通过科学

创新绩效
BEM本土化解读和最佳实践指南

的分析和对数据驱动的见解,帮助企业进行持续的工作场所改进,使员工和企业受益,从而重新定义工作。该公司总裁兼联合创始人本-瓦伯发明了一种智能胸卡,胸卡上嵌入了麦克风、蓝牙传感器、红外扫描仪、加速计等多种传感器,可以实时捕捉、收集员工的语音、体态、动作等40多种信息,每天收集4GB以上的数据,并将获得的数据与绩效数据等进行汇总分析,以挖掘具有相关性的洞察。通过记录员工的行为信息,该公司建立了一个空间和认知地图,识别与绩效相关的最佳行为并将其标准化,最终达到优化绩效的目的。该公司在和一家美国银行合作时运用了这项技术,结果发现最有效率的团队有一个与众不同的特点——团队成员在休息时经常互相交谈。因此,Humanyze建议银行同步所有呼叫中心的休息时间,以为员工创造更多的互动机会。银行这样做一年后,其呼叫中心报告称生产力提高了23%,员工留存率提高了28%。

这样的案例在数字化时代的今天还有很多。例如,通用汽车利用谷歌眼镜培养操作工人。谷歌眼镜不仅可以模拟出真实的工作环境,还能在显示屏上提供文本信息和操作指示,管理者可以在Google Gadget上查看员工的实时操作情况,并及时给予反馈。

Humanyze和通用汽车这两个案例就是数字化与BEM第一层有效结合的范例,并取得了很好的效果。

BEM第二层 + 数字化

BEM第二层包含3个因素:资源、流程、工具。大多数组织在早期尝试数字化转型时都是从BEM第二层开始的,将原本线下的工作流程和文档资料转为线上文件,如线上审批、手机端查询资料、线上会议等。这些在BEM第二层的数字化应用案例不胜枚举。所采取的各类数字化手段既属于组织需要投入的资源,也属于更新颖、更高效的工具。这些自动化、智能化的数字化手段主要是通过改变工作流程提高工作效率的。下面通过一个

第七章
BEM视角下的数字化转型

练习加深大家对数字化在BEM第二层应用的理解。

> 你觉得以下哪些是数字化在BEM第二层的应用？
>
> ☐ OA办公系统
>
> ☐ EAP系统
>
> ☐ 客户管理系统
>
> ☐ 智能化考勤系统
>
> ☐ E-HR绩效管理系统
>
> ☐ 钉钉会议
>
> **你的回答是什么呢？**
>
> **请将书倒过来看参考答案。**
>
> 答案：以上都是。

数字化时代，人工智能技术作为重要的辅助工具，给人们的工作、生活带来了极大的便利。例如，AI软件ChatGPT的诞生颠覆了很多人的认知。它是由美国人工智能研究实验室OpenAI新推出的一种由人工智能技术驱动的自然语言处理工具，主要模拟人类大脑神经的网络架构，经过大量的数据训练，ChatGPT拥有语言理解和文本处理能力，不仅能与真人对话，还能完成撰写和输出邮件、视频脚本、文案、翻译、代码等任务。它上线短短2个月就火爆全球，被视为极具颠覆性的人工智能技术，为许多领域的生产应用带来了新的机会。它的高效、准确、便捷等特点，以及其在多个领域的通用性，都是其受欢迎的原因。越来越多的企业通过运用新型技术工具提高效率、降低成本、提高服务质量，从而提升企业的核心竞争力。ChatGPT正是企业在BEM第二层结合数字化转型的应用。

BEM第三层 + 数字化

BEM第三层包含3个因素：结果、激励、奖励。前文强调，第三层因素需要和前两层因素保持一致。企业在这一层经常遇到的问题包括：工作

123

> **创新绩效**
> BEM本土化解读和最佳实践指南

和组织的使命与员工的需求无关，奖励不以绩效为基础，激励机制设置得不合理，较差的工作表现仍然能获得奖励，等等。出现这些问题的原因可能是BEM前两层存在问题，只依靠人力无法从根本上解决。在数字化时代，已经有企业正在尝试用数字化手段解决这些问题。

电商巨头亚马逊发明了一种算法，可实现自动解雇低效率员工。该算法一经推出，立即在全球掀起了波澜，整个互联网都沸腾了。亚马逊的自动化系统可以跟踪每位员工的工作效率，并且无须主管和上级发出指令，就可以自动发出与质量或生产率相关的警告及解雇通知。新的计算机算法将员工的个体行为转变为数据，通过统计数据和对数据进行分析，及时反馈给员工以纠正其错误的行为，使员工主动迎合公司的进步和改革。通过量化反馈行为数据的结果，可以激发员工更主动地学习和适应变化。当然，亚马逊的这项技术主要应用于负激励，即利用数据淘汰表现较差的员工，从而节约成本。当然，从人性的角度来看，有很多人反感甚至厌恶这样的技术，觉得人被冷冰冰的机器控制，没有人情味。我们想说，技术本身没有善恶之分，科技的进步带来的不应该是对低产阶级的剥削。很多人担心数字化时代来了，是不是有很多人会失业。我们认为不会，各国都会针对数字化的伦理道德制定相应的准则加以约束，目前欧盟和中国均已出台相关政策，确保科技让人们的工作变得更体面、更好。

BEM下三层 + 数字化

BEM下三层因素尤其第四层的知识与技能是较早与数字化相结合的。人们希望充分利用学习者的碎片时间，因此越来越多的组织将线下学习转化为线上学习。当然，为了让学习者获得更加沉浸式的学习体验，全方位地提升学习者的学习转化能力，很多组织开始尝试运用虚拟现实、AI交互等方式，帮助员工提升培训效果。

很多培训人员都会遇到这样的难题：很难跨越知和行之间的鸿沟，

学员学习后，培训人员很难监控他们是否运用了知识，以及运用的效果如何。为了跨越这道鸿沟，一家金融科技公司开发了一个AI练习反馈平台，将真实业务场景中的常见问题通过建模和机器学习方式导入平台。学员在学习后可以通过该平台与AI机器人进行仿真交互和对话演练，若学员未能按照标准内容进行演练，AI会立即给予反馈并提供参考话术。同时，培训师在后台可以实时监控和获取学员练习的相关数据，识别学员掌握得较薄弱的知识点并给予重点关注。通过这样的方式，既能让学员模拟真实场景对知识进行练习和运用以达到熟练程度，也能让培训师及时获取和监督学员的练习数据，知行合一的问题就解决了。

员工的态度与动机判断起来比较主观并难以监测，美国一家在线退休保险公司Ubiguity在公司考勤机上设置了5个按钮供员工选择，如笑脸代表当天工作愉快，苦脸则代表在工作时感到悲伤等。每次的打卡记录其实是对员工日常工作情绪和态度的记录。公司可利用这些表情数据展开分析，并结合员工日常工作内容与表现，从系统中追踪激励员工的因素，抓取有潜在离职倾向的员工，及时进行干预。

BEM下三层是个人因素，导致个人因素出现问题的根因往往都在BEM上三层的组织因素中。第六章介绍了BEM下三层因素向上三层因素转换的方法，而数字化在BEM下三层的应用其实就是通过将BEM下三层的个人因素转化为BEM上三层的组织因素解决问题。BEM上三层因素是从组织层面进行诊断的，本质上是诊断组织能力，所以我们认为BEM和数字化的结合，其实就是"组织能力+数字化"。

组织数字化转型

越来越多的企业认识到数字化带来的机遇，并开启了数字化转型之路。那么，到底什么是数字化转型呢？我们摘录了一些知名机构对数字化转型的定义，如表7-1所示。

表7-1 部分知名机构对数字化转型的定义

序号	提出者	对数字化转型的解读
1	国际数字化能力基金会	数字化技术的应用将为组织各个层面带来变革，包括销售、市场、产品、服务乃至全新的商业模式
2	全球知名咨询公司	利用数字化技术及其支持能力来创建一个强大的新数字商业模式的过程
3	国际数据公司	利用数字化技术和能力来驱动组织商业模式创新和商业生态系统重构。数字化转型的目的是实现企业业务的转型、创新、增长
4	国际商业机器公司	数字化转型的关键领域包括重新配置客户价值主张——提供什么，以及重塑运营模式——如何交付

总而言之，数字化转型是组织利用先进技术来优化或创建新的业务模式，以数据为驱动，以客户为中心，打破传统的组织效能边界和行业边界，提升组织持续的竞争优势，为组织创造新价值的过程。

组织数字化转型可以解决"鲍莫尔成本病"

"鲍莫尔成本病"是指这样一种困境：企业通过引入大量装备、先进机器等，极大地提高了生产效率，但总有一些部门的效率难以提高，如人力资源部门、销售管理部门、研发部门等，通过实施数字化转型，构建数字化平台，实现"作业即记录，记录即数据"，企业可以最大限度地解决甚至避免"鲍莫尔成本病"。《华为数字化转型之道》一书提供了解决"鲍莫尔成本病"的具体思路，如图7-2所示。

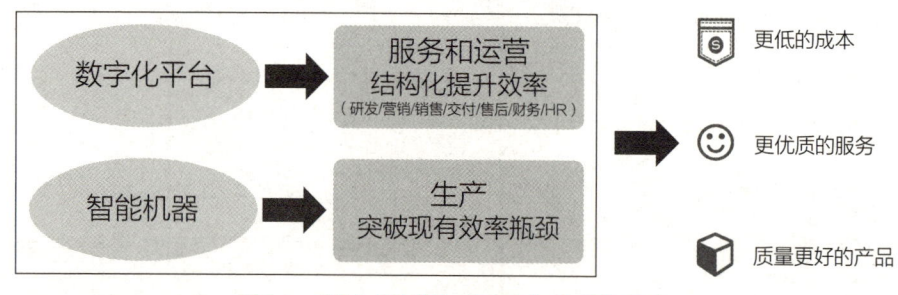

图7-2 解决"鲍莫尔成本病"的具体思路

数字化平台带来的各种颠覆性变化，最终会重构组织的体系、流程等，打破传统组织的边界，让组织内部的运作和管理可视化，极大地提升组织效能。

组织在数字化转型过程中遭遇的"试点困境"

尽管组织进行数字化转型有很多好处，但在很长一段时间里，很多组织把数字化转型简单地理解为应用新技术的信息化转型，尝试了各类数字化变革项目，可结果并没有想象中的那么美好，在转型过程中大多陷入了"试点困境"。不怕没有数字化，怕的是以为已经数字化，而实际上根本没有。麦肯锡2018年对全球800多家企业的数字化变革进行了调研，调研结果如图7-3所示。

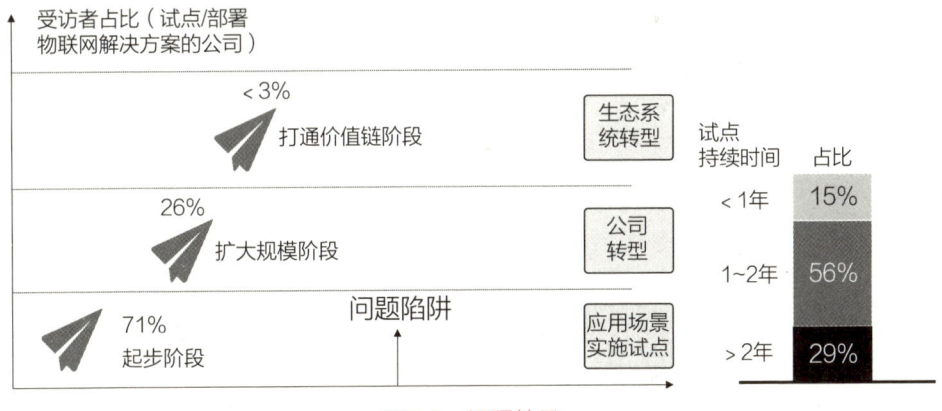

图7-3 调研结果

启动数字化转型的大部分组织（71%）停留在起步阶段，且绝大多数组织（85%）的停留时间超过一年，迟迟不能实现规模化。2022年普华永道思略特发布的《2022年数字化工厂转型调研报告》显示，在接受调研的全球制造商中，只有很少一部分组织（3%）的数字化转型处于最后阶段（打通价值链阶段）；大部分（64%）只完成了最初的试点甚至更少。最新数据结果与2018年的数据相差不大。

导致组织陷入"试点困境"的原因有很多，主要与组织业务、技术及组织转型中存在的种种陷阱和障碍有关。根据麦肯锡的调研结果，排在前三的主要原因都和技术无关，组织遇到的最大挑战是组织能力不足，尤其是缺乏数字化转型的人才和方法。因此，要想确保组织数字化转型的成功，首先需要明确未来数字化转型的方向与路径。

基于竞争优势确定转型方向，实现组织绩效创新

虽然数字化时代的到来打破并重构了组织之间的竞争关系和竞争格局，但核心的竞争力仍然是迈克尔·波特提出的三大竞争战略。这三大竞争战略包括总成本领先战略、差异化战略和聚焦战略。因此，基于这三大竞争战略，数字化转型的方向包括降本增效（总成本领先战略）、创新融合（差异化战略）和极致体验（聚焦战略）。

降本增效是大多数组织进行数字化转型最普遍和最基本的主题。降本增效通常由后台的财务和中台的运营两个体系触发，通过人与机器的重新分工、协作，推动组织内外部数据的积累、互联和分析，将业务流程自动化、专业工作智能化，大幅减少非必要的低效率事务，提高效率，从而实现降本增效。

创新融合是以某类技术的创新应用为触发点，通过推动主营业务的模式、流程发生根本性变革，或者通过收购新技术和新业务修正原先的核心价值主张。融合创新将提升差异化竞争优势作为转型的关键，进而影响组织商业模式和生态、技术的转型。

极致体验是数字化转型最重要的主题之一，通常由客户价值（外部客户）触发，设计新的客户应用场景，并通过极致的体验产品实现这一变革。更重要的是，除了外部客户体验，内部员工体验也非常重要。雅各布·摩根（Jacob Morgan）在其著作《员工体验的优势》一书中提出，和缺乏员工体验的组织相比，善于投资员工体验的组织的平均收入多了2.1倍，平均利润多了4.4倍。

因此，组织在数字化转型过程中，需要快速了解自身数字化转型的整体情况。一方面，组织需要运用相对敏捷且成熟的量表快速诊断自身是否

第七章
BEM视角下的数字化转型

具备数字化转型的基本能力；另一方面，组织需要判断具备数字化转型的基本能力后，数字化转型的方向在哪里。

应用工具

工具1：BEM数字化转型量表

BEM数字化转型量表（见表7-2）是从数据管理层面结合BEM上三层组织能力因素，对组织内部数字化转型的成熟度进行评估，以判断组织能力是否满足数字化转型的需要。对数据的管理主要分为3个阶段：记录、分析、应用。

通过该量表，首先判断组织是否拥有相关的数据信息并已做好存储记录。如果连基础的数据都未记录，就谈不上做数字化转型了。如果组织有数据记录，可以继续诊断对记录的数据是否有做进一步的分析和应用。如果组织在数据管理上大部分工作都能做好，说明其已基本具备数据化转型的基础。

该量表主要聚焦组织内部能力在数字化方面的评估，可以作为一个基础的诊断工具，为组织的数字化转型奠定基础。值得一提的是，BEM上三层本质上是组织能力的构建。组织能力与数字化相结合将是未来组织发展的重要方向，也是组织实现持续的竞争优势的重要手段之一。当基础条件具备之后，组织就可以考虑数字化转型的方向了。

表7-2 BEM数字化转型量表

诊断阶段	诊断因素	具体描述	是	否
数据管理	记录	1. 组织中是否记录了各类数据信息，且数据容易获得		
		2. 是否能保证各类数据信息清晰无误		
		3. 数据信息的更新是否及时		
		4. 数据信息的记录是否确立了良好的标准		

创新绩效
BEM本土化解读和最佳实践指南

续表

诊断阶段	诊断因素	具体描述	是	否
数据管理	分析	1. 与工作相关的各类数据是否过多		
		2. 是否已经剔除了各种无关的数据		
		3. 是否运用各种方法对数据进行了充分的分析，并以最简化的方式表达		
	应用	1. 分析后的数据信息是否被应用于企业产品或运营决策		
		2. 各类数据信息是否为业务服务，且能协同共享		
		3. 各类数据信息是否能为组织带来价值和更多客户、提升竞争力		
BEM第一层+数字化	标准	1. 是否有清晰的转型目的或期望达成的标准（价值）		
	信息	2. 是否拥有转型所需要的全部信息？是否有相关的数据资产？是否已识别全部转型利益相关方（如拥有客户的画像等）		
	反馈	3. 在数字化转型过程中是否有相应的追踪、监督与反馈，以确保清楚地了解不同阶段数字化转型的需求或问题		
BEM第二层+数字化	资源	1. 是否拥有数字化转型所必需的资源，如数据平台		
	流程	2. 是否有基于业务流程的优化再造？是否能够提高业务效率		
	工具	3. 是否拥有数字化转型所需的技术手段？技术工具是否简单有效		
BEM第三层+数字化	结果	1. 各部门对各自在数字化转型过程中应当承载的数据共享结果是否提前达成了共识		
	激励、奖励	2. 对于数字化转型后所带来的收益或损失，是否要建立激励、奖励机制，以确保利益分配公平和建立转型文化		

评分依据：

每个"是"代表1分，将所有答"是"的得分汇总，即可得出总分。

- "是"的总分低于12分，说明组织需要打好数据管理的基础，而非进行数字化转型。
- "是"的总分为12～16分，说明组织已具备基本基础，可以考虑数字化转型。
- "是"的总分为17～18分，说明组织应立即考虑数字化转型的方向，并开始行动。

工具2：组织数字化转型方向诊断量表

使用组织数字化转型方向诊断量表（见表7-3）来判断组织未来转型的方向，需要得到与会者的共同认可，这对未来各项战略的落地执行至关重要。我们建议根据以下步骤结合表7-3进行诊断。

（1）对初步方案进行优先级排序和选择，确定最终的数字化转型方向。

（2）讨论短期和中期行动方案。

（3）对行动方案形成共识。

表7-3 组织数字化转型方向诊断量表

评分项	低影响和低风险	分数	高影响和高风险
战略（变革）影响（是颠覆性变革还是局部性变革）	局部性变革	10 9 8 7 6 5 4 3 2 1 0	根本性、颠覆性
变革周期（是一次性变革还是持续性变革）	一次性变革	10 9 8 7 6 5 4 3 2 1 0	持续性变革
收入预期（变革后的收入预期）	收入明显增长	10 9 8 7 6 5 4 3 2 1 0	无法确定
变革成本（成本投入是否可控）	成本投入可控	10 9 8 7 6 5 4 3 2 1 0	成本投入无法预期
核心价值影响（影响程度）	影响较小	10 9 8 7 6 5 4 3 2 1 0	根本性影响
数据及技术（影响程度）	微创新	10 9 8 7 6 5 4 3 2 1 0	新的数据和技术架构
组织影响（影响程度）	组织职责变革	10 9 8 7 6 5 4 3 2 1 0	新的组织形态

资料来源：韦玮，张恩铭，徐卫华.数字化魔方[M].北京：机械工业出版社，2020。

评分依据：
- 企业采取全面转型策略：侧重"高影响和高风险"一端，选择分数较低的转型方向。
- 企业采取谨慎转型策略：侧重"低影响和高风险"一端，选择分数较高的转型方向。
- 企业采取稳妥转型策略：兼顾难和易，选择分数居中的转型方向。

对于讨论后的每个转型方向，通常采用投票的方式进行筛选，以确定最优的转型方向和目标。

教练技巧

在数字化转型初期，应重点构建组织能力。组织需要回答一系列问题，并结合应用工具中的BEM数字化转型量表进行反思，同时帮助员工厘清未来数字化转型的方向。

教练技巧1：数字化转型初期的反思

在数字化转型初期，可参考表7-4进行反思。

表7-4 数字化转型初期的反思

BEM层级	因素	反思问题
第一层	标准/体系	为什么要转型？转型可以带来哪些商业价值
	信息	转型涉及哪些数据信息？有哪些利益相关方？有哪些数据资产
	反馈	对数字化转型过程如何监督、反馈和追踪
第二层	资源	数字化转型需要哪些资源和数据平台
	工具	数字化转型需要哪些技术手段
	流程	数字化转型需要涉及哪些流程？流程之间是否打通与共享
第三层	结果	各部门在数字化转型中应当承载哪些数据共享结果
	激励	需要什么样的转型和激励文化
	奖励	作为转型先锋，我们为他们提供了哪些奖励

对于以上反思问题，如果大部分的回答都是肯定的，或者已经有了明确的基础和规划，则需要进一步思考组织的数字化转型方向是什么。

教练技巧2：数字化转型方向的反思

数字化转型是所有组织在发展过程中的必经之路。了解了自己处在什么位置，就知道应该去哪里，即数字化转型最终期望达成的目标或结果是什么。虽然不同组织的数字化能力不同，转型方向也不尽相同，但总结起来数字化转型方向大致分为3类：降本增效、融合创新、极致体验。

第七章 BEM视角下的数字化转型

降本增效

- 可以结合对组织数字化转型方向的诊断结果进行反思和改进。当组织选择"降本增效"这一转型方向时，需要思考以下问题。
- 是否搭建了专业、高效的财务共享平台，以支持业务的多样化？
- 是否建立了真实、有效的业务运营数据流程，且数据可反映到财务报表中？
- 是否实现了业务流程自动化、工作方式智能化，将员工从重复的基础工作中释放出来，从而转向更能产出价值的工作？
- 自动化与智能化技术能否推动业务增长？是否需要联动内外部资源，与生态、增长息息相关？

融合创新

融合创新这一转型方向常常以某类技术的创新应用为触发点，进而影响组织的整体商业生态。当组织想往融合创新的方向转型时，可以先思考以下问题。

- 是否建立了核心的数据资产？现有技术是否能支持数据资产的管理？
- 新的技术能否带来产品价值的转型，以及推动业务增长？
- 是否需要建立开放共生的生态体系？能否与生态伙伴进行数据共享？
- 是否能通过开放应用平台与技术驱动，深化数据思维与组织创新文化？

极致体验

很多组织的战略目标之一是提升用户体验，所以追求极致体验也是组织数字化转型的重要方向之一。转型前，需要思考以下问题。

- 是否对客户行为数据进行了管理和分析？
- 数据分析的结果是否被运用到产品、人才管理、技术等方案的设计中？
- 是否建立了产品全生命周期管理机制？
- 产品能否留住客户？转型能否提升内外部客户的效率和感受？

通过对以上问题的判断与思考，组织可以厘清自身目前的数字化能力,然后决定开展数字化转型工作的发力点,这样才能确保组织数字化转型的道路不偏航,以实现最终的转型目标。

本章回顾

我们用一些简单的回顾性题目结束这一章。请从括号中选出最适合每句话的词语。

(1)对数据的基础管理分为3步:(□收集　□记录　□分析　□清洗　□应用)。

(2)BEM与数字化转型的结合,本质上是(□组织能力的数字化转型　□个体数字化转型)。

(3)根据麦肯锡的调研结果,组织在数字化转型中遇到的最大挑战是(□缺乏数字化技术　□组织能力不足　□缺乏领导关注　□成本过高)。

(4)(□墨菲定律　□鲍莫尔成本病)是指这样一种困境:企业通过引入大量装备、先进机器等,极大地提高了生产效率,但总有一些部门的效率难以提高,如人力资源部门、销售管理部门、研发部门等。

(5)组织数字化转型方向分为3类:(□扩大规模　□降本增效　□融合创新　□极致体验)。

回答和解释

(1)对数据的基础管理分为3步:记录、分析、应用。

(2)BEM与数字化转型的结合,本质上是组织能力的数字化转型。

(3)根据麦肯锡的调研结果,组织在数字化转型中遇到的最大挑战是组织能力不足,尤其是缺乏数字化人才和方法。

（4）鲍莫尔成本病是指这样一种困境：企业通过引入大量装备、先进机器等，极大地提高了生产效率，但总有一些部门的效率难以提高，如人力资源部门、销售管理部门、研发部门等。

（5）组织数字化转型方向分为3类：降本增效、融合创新、极致体验。

第三篇

创新交响

所谓疯狂，就是一遍又一遍地做同样的事情，却期待有不同的结果。

——阿尔伯特·爱因斯坦（Albert Einstein）

第八章

谋方案：创新的策略

在开始阅读本章之前，先做一个简单的练习，你如何解决下面的问题？

> 在日常生活中，油锅着火了，你会怎么办？
> A.用水浇灭 B.用灭火器扑灭 C.盖上锅盖 D.拨打火警电话
> 你的回答是什么呢？
> 请将书倒过来看参考答案。
>
> 参考答案：C

上述4个选项是4种创新方案。

选项A，用水浇灭。油由于不溶于水，会浮在水的表面继续燃烧。水还会带动油继续流动，让火势蔓延，所以不能用水浇灭。

选项B，用灭火器扑灭。这个选项不够清晰。干粉灭火器可以用来灭油锅的火，干冰灭火器不能用来灭油锅的火。因此，选择灭火器灭火时，需要找到合适的灭火器。同时，家中不一定备有灭火器。所以这一选项不严谨。

选项C，盖上锅盖。盖上锅盖可以使油锅内的火因缺少氧气而熄灭，同时锅盖通常很容易获得，因此选项C更合适。

选项D，拨打火警电话。这样做虽然能寻求专业力量的帮助，但可能因未能及时灭火而使火势蔓延，从而增加灭火的难度，甚至危及生命安全。

第八章
谋方案：创新的策略

在该练习中，如果选错了灭火方案，不但无法解决问题，还有可能造成更大的损失。因此，正确的创新方案是改进绩效的前提。错误的创新方案不仅不能够从根本上解决问题，反而会弄巧成拙。本章通过介绍如何"谋方案"帮助组织找到正确的创新方案。

创新方案在实施过程中经常会出现各类问题。因此，在选对创新方案的同时，更要做对。选对是找到正确的创新方案；做对则是将创新方案落实到位。在实践过程中，创新方案的实施并不是一帆风顺的，会面临各种阻力，甚至半路"夭折"。第九章将通过介绍如何执行"行动链"帮助组织将创新方案落实到位，并达成绩效和创新目标。

因此，谋方案负责谋划创新方案，行动链负责实现创新方案，这两个方面构成了创新方案的重要步骤，也是 π 模型的最后一个阶段，如图8-1所示。本章主要阐述谋方案。

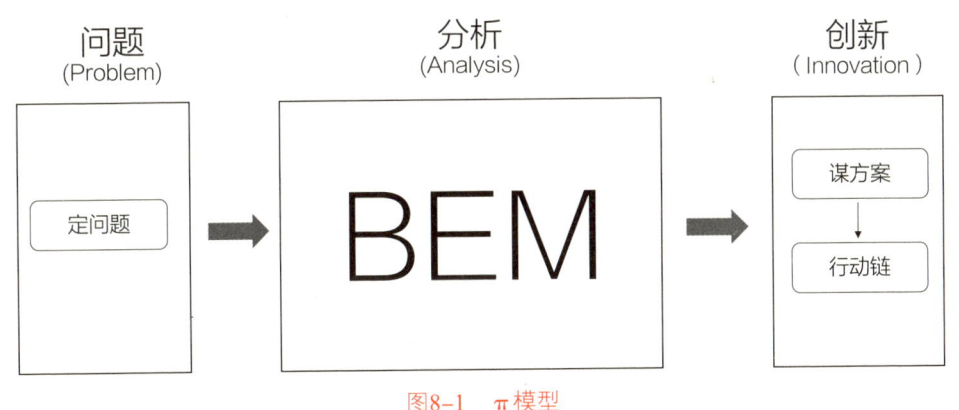

图8-1 π模型

核心概念

谋方案

方案，即创新方案，既包括从根因得出的常规方案，也包括利用水平思考得来的突破性方案。两者形成的方案相互印证，没有对错之分，只有合适与否。总而言之，能够以更小的行为代价获得更有价值的结果的方案就是好的创新方案。在绩效改进领域，创新方案有一个专有名词：干预措施。我们非常喜欢这个词，因为它不仅包含出现问题后的解决措施，也包含问题发生之前的干预措施，类似中医理念"治未病"。为了使大家更容易理解且易于应用，我们将这些方案统称为"创新方案"。

谋方案，即谋划创新方案，是π模型"创新"模块的第一个环节。谋方案是针对问题的根本原因，设计高效、安全、经济、治标又治本的创新方案。谋方案分为3步，如图8-2所示。第一步：收集方案。这一步是基于问题的表面原因和根本原因、难易程度，创建创新方案。第二步：配置方案。这一步是根据优先的原则，在备选的创新方案中甄选出核心方案。第三步：准备行动。通过对"6个到位"的诊断，识别创新方案实施的准备度，为创新方案的实施落地打下坚实的基础。

收集方案 ➡ 配置方案 ➡ 准备行动

图8-2　谋方案三步骤

第一步：收集方案

明确了问题的根本原因以后，需要系统地收集与原因匹配的创新方案，为创新方案的设计奠定基础。这是实现绩效改进的重要步骤，收集的创新方案包括常规方案和突破性方案两种。

1. 常规方案

常规方案是绩效改进中常用的方案，是根据π模型确定真问题之后，基于BEM进行分析，针对根本原因而形成的系统性方案。表8-1展示了基于BEM分析的部分常规方案。通过该表，可以直接根据根本原因的类别和特点，选择和匹配可能的常规方案。在真实场景中，除了表8-1所提供的常规方案，大家还可以通过水平思考的方式，开发和设计出更具有突破性的创新方案。

表8-1 基于BEM分析的部分常规方案

BEM层级	因素	可能的常规方案
第一层	标准	• 建立和沟通对工作成绩的期望与绩效标准 • 为职位构建绩效模型 • 鼓励管理者和员工开会澄清期望 • 作为管理者伙伴澄清角色 • 重新设计工作流程并重新定义角色 • 与管理者/团队领导者一起定义适用范围并重新定义权限
	信息	• 利用文件提供所需信息 • 提供员工信息资源的通路 • 安装知识管理系统 • 根据需要创建数据库 • 创办实践社区
	反馈	• 绩效面谈反馈
第二层	资源	• 通过外包或雇佣获得额外的资源 • 确定可以减少的工作 • 解决物理障碍
	工具	• 检查自动化/计算机化选项 • 提供作业辅助程序和工具 • 提供电子绩效支持系统 • 升级软件和计算机系统 • 提供合适的材料和日用品
	流程	• 实施流程化评估 • 设计/重新设计流程
第三层	结果	• "仪表盘"共享系统 • 绩效结果评价 • 组织复盘会议 • 回到 π 模型的开始，重新定义问题
	激励	• 提升对提供表彰的必要性的认识 • 应用同行认可的系统 • 修改报酬系统 • 形成一个新的、不同的分红计划 • 重新设计激励和影响系统 • 提升管理者对有形激励和无形激励的影响的认识

续表

BEM层级	因素	可能的常规方案
第三层	激励	• 提供正向的强化 • 阐明所期望绩效的业务效益和其他效益 • 提供导师和角色榜样 • 承认优秀的绩效
第三层	奖励	• 确定非货币性奖励 • 确定货币性奖励
个人因素	下三层	考虑应用下面任何一项来学习常规方案 • 课堂培训 • 外部教育资源 • 混合式学习 • 在线学习 • 基于网络的学习 • 工作经验 • 导师指导 • 创建一个教练和导师系统

2. 突破性方案

突破性方案是采用创新手段实现的。我们建议使用水平思考模式进行扩展。在思维创新的方法中，由思维大师、心理学家爱德华·德·博诺（Edward de Bono）博士提出的水平思考模式在全世界范围内被广泛应用，被公认为寻求创新方案的有效思维方法。它以换位思考、发散思维为特点，帮助人们摆脱经验的束缚，从另一个维度观察和思考同一件事，从而产生意想不到的创意。例如，当人们普遍考虑"人为什么会得天花"这个问题时，英国乡村医生琴纳运用了水平思考方式："为什么在牛奶场劳动的女工不得天花？"正是这种思考方式让琴纳发现了牛痘，人类从此免遭天花的折磨，并发现了对付传染病的新武器——免疫，奠定了免疫学的基础。在实践中，通过思考角度的转换实现思维模式的创新，往往能够独辟蹊径，找到解决问题的新思路。

第八章
谋方案：创新的策略

下面是一个通过思维模式创新实现吹风机产品创新的案例。

一般吹风机的使用流程如下。第一步：拿起吹风机。第二步：调节风量和温度。第三步：用风吹干头发。这个流程大家都很熟悉。那如何通过思维创新实现产品创新呢？有的商家在第一步就转换了思维：吹风机一定要用手拿吗？可以不用手拿吗？从这个思维角度，商家推出了立式吹风机，这种吹风机由一根立杆固定，用户在使用的时候不需要用手拿，从而解放了双手。

再来看第三步：用风吹干头发。这是用户买吹风机的目的：用电机产生的风吹干头发。是否可以通过风以外的方式弄干头发呢？生活中有时候可以用干纸巾或干毛巾将头发上的水吸干。问题的思考角度转变了，就打开了另一扇思考的大门。有商家推出了速干毛巾。这种毛巾吸水性好，而且可以快干，其功能就是吸收头发中的水分。如果用户身边没有吹风机，或者没有电，速干毛巾是一个不错的选择。图8-3展示了具体的思考过程。

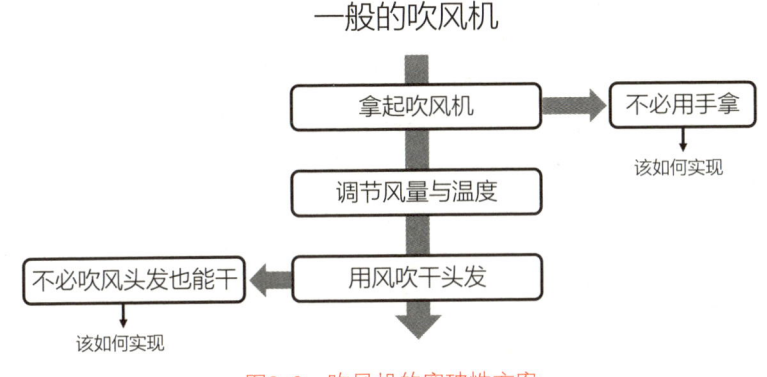

图8-3 吹风机的突破性方案

3. 数字化创新方案

数字化创新方案是突破性方案的一种，已经得到了广泛的应用。数字化创新方案给人们的生活提供了智慧的、无边界的服务。网上购物、网络打车、快递到家已经融入人们的生活，线下培训也不再是培训的唯一选择，线上AI课程和虚拟数字人直播的应用越来越多。日常出行方面，纸质票已被电子票所取代，航旅App可以为旅客提供线上值机、登机、查询航班信息等服务，出行越来越便捷。医疗服务方面，远程看病和治疗已经成为现实。尽管医生和患者相隔几千米，但通过5G远程机器人，医生可以顺利完成超远程手术。因此，数字化创新方案是指利用数字技术和创新思维，对传统业务进行优化和突破，以提高效率、降低成本、增加价值的一种策略或方法。这种创新方案通常使用人工智能、大数据分析、云计算、物联网等技术来重新设计业务流程、改善产品或服务，以适应数字化时代的需求。

4. 收集创新方案时的注意事项

收集创新方案时需要注意以下3点。

（1）准确聚焦。有时候创新方案看似单一，其实多样。例如，人感冒了，检查发现是病毒性感冒，那么解决方案之一是吃药。但是，吃药就能根治病毒性感冒吗？当然不一定。吃药还要区分是吃中药还是吃西药。除了吃药，可能还需要打一套"组合拳"，如饮食上、身体保养上、生活环境上都要注意等。但是，这么多的方案该怎么选呢？首先需要了解，治疗病毒性感冒的本质是增强抵抗力。当病人的精力有限时，所有的治疗方案都应当配合增加抵抗力，有些既费时效果又不太好的方案可以舍弃。因此，收集创新方案时要准确地聚焦。

（2）关注结果。关注结果与关注过程相对应。过程当然重要，但只关注过程而忘了结果，就容易陷入为了做而做的境地。例如，减肥有很多方法，吃减肥药、跑步、少吃等。如果你一直都靠吃减肥药来减肥，突然有一天你因为减肥药的副作用而住进了医院，这才反应过来：减肥本来是为了更健康，结果自己只关注减肥，却忘记了最终的目的是什么。因此，关注结果除了确认创新方案和原因类型是否匹配，还要看创新方案是否能高效地实现改进的目标或成果。脱离了最终结果的创新方案容易演化为形式主义，甚至有害。

（3）伙伴关系。由于创新方案本质上是一个变革项目，涉及的范围广、专业性强，一个人无法完全掌握所有的相关措施。因此，需要与组织内的成员建立伙伴关系，让专业人员和利益相关方都参与进来，努力与他们建立情感账户，用双赢思维引导行为，从而帮助彼此高效、敏捷、专业地思考和收集简单有效的创新方案。

第二步：配置方案

通常情况下，创新方案以多个措施的集合的状态出现。因此，筛选出一系列创新方案以后，还需要配置方案。如同医生给病人开药，不仅要找出对症的药，还要配出药方。

配置方案是从收集的众多备选方案中找出核心的创新方案。通常可以通过必要性、经济性、可行性和接受度4个维度对备选方案进行评分，从而筛选出最佳方案。在实际场景中，这些评价维度可以根据场景的需要进行调整。

1. 必要性

必要性是指创新方案对结果达成的影响程度。对结果达成的影响程度越高，必要性越大；对结果达成的影响程度越低，必要性越小。

2. 经济性

经济性是指创新方案的成本高低。在相同的预期结果下，成本越低，经济性越高；成本越高，经济性越低。在计算成本的时候，不仅需要考虑经费等直接成本，还需要考虑时间、人力等间接成本。

3. 可行性

可行性是指创新方案实施的难易程度。通常情况下，从实用性、政治性和文化性3个方面考量可行性。实用性考量资源、环境和技术支持因素；政治性考量领导和重要干系人的支持程度；文化性考量组织价值观和行动准则的支持程度。

4. 接受度

接受度是指创新方案被组织内人员支持和执行的程度。人员越支持，越愿意执行，接受度越高；人员越不支持，执行意愿度越低，接受度就越低。

经过以上4个维度的评估和筛选，可以从众多的创新方案中甄选出关键的、重要的创新方案。

第三步：准备行动

《孙子兵法》云："谋定而后动，知止而有得。"意思就是不打无准备之仗，只有提前做好准备，才能立于不败之地。在实施创新方案之前，也需要做好充分的准备。如何诊断创新方案的准备是否充分呢？我们运用"6个到位"模型，从人员、结构、奖励、资源、决策、流程6个维度来诊断创新方案的准备度，如图8-4所示。

图8-4 "6个到位"模型

1. 人员到位

人员应符合角色要求，数量充足。创新方案的实施离不开人的推动。在项目启动前，要成立项目小组，将参与项目的人员进行统一调度。在做人员准备时，需要甄选能力和意愿都满足要求的人员。一些大型项目在做人员安排的过程中，要准备适当的机动人员，以应对突发状况带来的人员需求。

2. 结构到位

组织架构合理，角色分工明确。首先，在项目小组内，明确项目负责人，对项目进行统筹管理。其次，根据任务和人数划分小组，明确小组和成员的职责与任务。最后，建立沟通机制，大家各司其职，协同作战。

3. 奖励到位

激励机制清晰，能够及时落实。确保项目干系人了解奖励的政策，知晓奖励的工作标准、奖励形式等主要内容，并且这些政策已经得到批准并已公布，在人员满足奖励要求的情况下能迅速兑现。

4. 资源到位

资源配置合理，供应保障充分。确保项目所必需的资源都已经具备，资源配置合理高效，资源的数量和质量能得到充分保障。

5. 决策到位

决策经过论证及专业人士的确认。决策的制定经过了充分的论证，并且由具有经验和能力的人进行决策。

6. 流程到位

工作流程清晰，运行流畅高效。单个任务的流程清晰，复杂的任务有操作指南。需要协同的工作尽量使用清单化管理。例如，对日程、流程、关键节点进行清晰的梳理，形成清单并通知项目组成员。

某公司为突破技能人才发展和培养的瓶颈，计划开展技能等级鉴定工作。在开展这项工作之前，该公司运用了"6个到位"模型，在技能等级鉴定资质的申报中发挥了重要作用。

人员到位，盘工种：聚焦了技能等级评价对象。针对公司各工种的人数，确定将铣工作为鉴定等级工种，并将从事这一工种的员工作为鉴定对象。

结构到位，建团队：公司成立了技能等级鉴定工作小组和专家小组，分别邀请了具有相关资质的人员担任工作小组成员和专家小组成员；同时明确了小组成员的工作职责和要求。两个小组的成立为技能等级鉴定工作的推进发挥了重要作用。

奖励到位，设激励：向工作小组和专家小组的人员明确25名高级工的鉴定目标，并明确了资质申报、鉴定培训、理论考试和实践考试等阶段的要求与目标。对于每个目标的完成都设置了即时奖励的标准和兑现方案。激励方案为激发人员的积极性发挥了重要作用。

资源到位，争资源：针对鉴定工作所需要的场地、设备、人员等资源进行梳理，并向组织申请，争取到必备的资源，确保鉴定工作顺利推进。

决策到位，赢支持：赢得高管和重要干系人的支持，为项目的实施打下基础。通过与总经理的充分沟通，获得总经理的执行决策指令，有利于在鉴定工作中与各相关部门的沟通和协调。

流程到位，理流程：向人社部门咨询申报流程和线上系统的操作流程，了解鉴定工作的主要步骤，同时了解各个步骤所需要的资料、要求和产出。

以上6项措施到位后，就为技能鉴定工作的实施做了充分的准备，也为项目的成功奠定了坚实的基础。

应用工具

工具1：创新方案表

创新方案表是从根本原因、常规方案、问题视角和突破性方案4个方面设计的，主要包括以下4步。

首先，填写根本原因，如"头发湿，易感冒，需弄干"。

其次，用头脑风暴法填写常规方案，如用风吹干、用毛巾擦干。

再次，提取常规方案的问题视角，如用风吹干的问题视角是风吹，用毛巾擦干的问题视角是擦干。

最后，根据问题视角拓展创新方案，如风吹可以是自然风吹干、电风扇吹干等，擦干可以是用纸巾擦干、用手帕擦干等。

之后就可以在创新方案中选择最合适的方案了。表8-2展示了一个创新方案表。

表8-2 创新方案表

根本原因	常规方案	问题视角	突破性方案
头发湿，易感冒，需弄干	用风吹干	风吹	自然风吹干
			用扇子吹干
			用电风扇吹干
			……
	用毛巾擦干	擦干	用纸巾擦干
			用吸水性强的毛巾擦干
			用手帕擦干
			……

工具2：配置方案表

在配置方案过程中，可以使用创新方案评估表来评估和甄选创新方案。创新方案评估表包括创新方案、评估维度和评估名次3部分。在"创新方案"一栏填写备选方案，从必要性、经济性、可行性和接受度4个维度对方案进行评分。评分前可以根据关注点的不同，对4个评估维度赋予不同的权重。例如，必要性、经济性和可行性的权重均为3，接受度的权重为1。对创新方案按照0~4分进行评分。"小计"一栏填写各个维度的评分乘以权重之和。根据小计得出的分数进行排序，在"评估名次"一栏填写排序名次。最后在排序名次中选择排名前三或前五的方案作为备选核心方案，具体如表8-3所示。

表8-3 创新方案评估表

创新方案	评估维度					评估名次
	必要性（×3）	经济性（×3）	可行性（×3）	接受度（×1）	小计	

创新绩效
BEM本土化解读和最佳实践指南

评分标准和原则:
4分: 可以采用, 不会有问题。
3分: 可以尝试, 应该问题不大。
2分: 不算很好, 可能比较艰难。
1分: 难度很大, 尽量别选。
0分: 毫无疑问, 无法操作。

表8-4是一个使用创新方案评估表的示例。

表8-4 某公司货物吊装流程优化创新方案评估表

创新方案	必要性(×3)	经济性(×3)	可行性(×3)	接受度(×1)	小计	评估名次
改进货物吊装流程	4	4	4	3	39	1
在作业区域安装摄像头,做好违规作业监控	3	1	2	2	20	6
对于全年无事故的承运人,优先支付运费,增加项目份额	2	3	3	4	28	4
与吊装作业员沟通,了解作业员的心理状态	2	4	2	2	26	5
增加货物绑扎用的电动工具	4	3	3	4	34	3
开展吊装经验和教训交流	3	4	4	4	37	2

经过评估,该公司货物吊装流程优化创新方案最终选择了以下3个。
1. 改进货物吊装流程。
2. 开展吊装经验和教训交流。
3. 增加货物绑扎用的电动工具。

谋方案包括三步: 收集方案、配置方案、准备行动。在收集创新方案的过程中, 还可以使用提问的技巧来激发大家从不同的视角思考, 以设计出更具有突破性的解决方案。在准备行动之前, 还需进一步澄清"6个到位"的准备情况, 以保证在进入下一个阶段——行动链时, 所有的准备工作都已经做到位。要做好这些, 需要使用教练技巧。

第八章
谋方案：创新的策略

教练技巧

创新方案

在收集创新方案的过程中，需要明确目标，梳理现有想法，并通过发散思维、切换角度寻找更多创新的可能。例如，可以尝试提出以下问题。

（1）想达到的效果是什么？

（2）目前的方法有哪些？

（3）为什么要使用这些方法？这些方法的原理是什么？

（4）还有哪些其他方法？

（5）为什么不使用其他方法？

（6）如果不用这种方法会怎样？

（7）如何做到？

（8）是否找到了具有突破性的解决方案？

（9）是否找到了数字化创新方案？

准备行动："6个到位"诊断

在使用"6个到位"模型进行分析的过程中，需要从人员、结构、奖励、资源、决策和流程6个维度进一步提问和澄清，以确认创新方案是否准备就绪。每个维度的问题清单可以参考表8–5。

表8-5 "6个到位"问题清单

维度	问题
人员到位	1. 有足够数量的成员去做这项工作吗 2. 如果成员数量未满足需求，如何解决 3. 现有的成员都具备岗位胜任能力吗 4. 评价成员能力的方法有效吗？有更好的方法吗 5. 现有成员工作意愿高吗？人员稳定吗

续表

维度	问题
结构到位	1. 组织架构图是什么样子的 2. 为什么会有这样的组织架构图 3. 这样的组织架构图支撑业务发展了吗 4. 组织架构、角色分工和职责标准是什么样子的 5. 各部门之间有哪些管理空白地带
奖励到位	1. 制定了哪些奖励制度和机制 2. 奖励机制与公司价值观一致吗 3. 奖励及时兑现了吗 4. 目前的奖励制度达到预期效果了吗 5. 除了现有奖励方法,还有哪些更好的方法
资源到位	1. 需要哪些资源?这些资源都准备好了吗 2. 如果现有的资源不能支持你想达到的目标,你还需要哪些资源 3. 为了更有把握地实现目标,你还需要增加哪些资源 4. 资源都安全可靠吗 5. 针对资源的安全、高效使用,你制定了哪些措施
决策到位	1. 决策是由最熟悉这项工作的员工做出的吗 2. 决策针对不同的干系人做了哪些沟通和管理 3. 组织的优先事项得到员工的理解了吗
流程到位	1. 核心工作流程调整到位了吗 2. 员工都知道他们的工作流程吗 3. 是否建立了流程的评价和更新机制

本章回顾

我们用一些简单的回顾性题目结束这一章。请从括号中选出最适合每句话的词语。

(1)谋方案主要包括3步:(□收集方案 □配置方案 □准备行动 □执行方案)

(2)创新方案包括两类:(□常规方案 □突破性方案 □数字化方案)

第八章
谋方案：创新的策略

（3）在配置方案的过程中，对创新方案评估的维度主要包括（☐必要性　☐经济性　☐可行性　☐接受度　☐合理性）4个方面。

（4）行动准备中的"6个到位"分别是（☐人员到位　☐整合到位　☐结构到位　☐流程到位　☐奖励到位　☐资源到位　☐决策到位）。

（5）角色分工应明确。首先，在项目小组内，明确项目负责人，对项目进行统筹管理。其次，根据任务和人数划分小组，并明确小组和成员的职责任务。这属于"6个到位"中的（☐人员到位　☐整合到位　☐结构到位　☐流程到位　☐奖励到位　☐资源到位　☐决策到位）。

回答和解释

（1）谋方案主要包括3步：收集方案、配置方案、准备行动。

（2）创新方案包括两类：常规方案和突破性方案。数字化方案是突破性方案的一种。常规方案是基于根因推导出的，往往基于人们的经验判断；突破性方案是基于水平思考推导出的，往往需要跳出已有的经验。这两种方案没有好坏之分，只有适合与否，关键看能否以最小的行为代价创造更有价值的结果。

（3）创新方案通常可从必要性、经济性、可行性和接受度4个维度进行评估和筛选。

（4）"6个到位"包括人员到位、结构到位、奖励到位、资源到位、决策到位、流程到位。"6个到位"在很大程度上保证了执行的落地和任务的推进。

（5）角色分工应明确。首先，在项目小组内，明确项目负责人，对项目进行统筹管理。其次，根据任务和人数划分小组，明确小组和成员的职责任务。这属于"6个到位"中的结构到位。

第九章

行动链：执行的力量

创新绩效是为了取得更好的结果。谋划好创新方案后，下一步就是实施创新方案。创新方案的实施经常被人们忽视，因为人们觉得实施起来很容易。事实上，创新方案的实施并不简单，在实施过程中，稍不留神，就会踩到"坑"，导致项目虎头蛇尾，甚至失败。来看下面的案例，该案例摘自约翰·科特（John Kotter）《变革之心》一书。

某集团公司为了运用新技术来提高管理效率，希望使用统一的采购系统进行管理。公司高管们对该系统的实施方案进行了讨论，并启动了该系统的建设项目。

然而，公司内部提出了很多意见："这需要多少时间？我们的工作已经被影响，我们不能这样。""现在的采购任务很紧急，目前的状态已经影响了业务，不能这样持续下去。""目前的状态给企业运营带来了困扰，是我们无法接受的……"每个部门都希望以原有的方式开展工作，他们喜欢原来的报表和工作方式，原来的工作方式让他们感觉很舒服。

在大家的反馈下，项目停了下来，一切返回原处，重新开始……

该案例中创新方案的实施没有成功。而这样的故事对大家来说，或许并不陌生。实施过程充满了挑战，那如何应对呢？行动链是跨越实施障碍的一个方法，它主要包括3步，如图9-1所示。

第一步，化解抗拒。实施创新方案并不是一帆风顺的，经常会遇到阻

第九章
行动链：执行的力量

力，阻力来自人员对变化或变革的天然抗拒，这是人性使然。化解抗拒就是通过识别抗拒的层级，进行有针对性的化解，从而统一思想，推动创新方案的实施。同时，还需要在实施的过程中制订沟通计划，以确保随时就任务、项目相关方和状态进行沟通，以此化解抗拒。

第二步，驱动执行。创新方案是一个方向性工作，需要通过任务分解和任务跟进细化实施计划。同时，寻找驱动行动的杠杆和关键，激发团队和个体的士气，把控实施进度，确保对项目过程的有效管理。

第三步，回顾复盘。这是行动链的最后一步，通过阶段复盘和总结复盘，对项目的实施过程进行实时管理，不仅管理过程，也关注最终的成果。在此过程中，通过深度思考和批判性反思，查找优势和劣势，萃取知识，提升认知，持续改进和创新。

化解抗拒 ➡ 驱动执行 ➡ 回顾复盘

图9-1　行动链三步骤

核心概念

第一步：化解抗拒

识别三级抗拒

绩效改进本质上是一种创新。因此，创新方案的成功实施需要管理者具备创新的勇气和智慧，引领团队改变心智，推动变革。在变革中，支持和抗拒是两个对立面。人们担心失去，担心自己受到伤害，因此会在变革的过程中选择抗拒。抗拒是一种能量，背后是恐惧、担忧和困扰。为了推动变革，需要引导抗拒，将抗拒转化为支持。里克·莫瑞儿（Rick Maurer）在《遇墙皆是门：超越变革的阻力》一书中根据抗拒的程度区分了抗拒的级别，帮助人们了解和化解抗拒，如图9-2所示。

一级抗拒　　　　二级抗拒　　　　三级抗拒

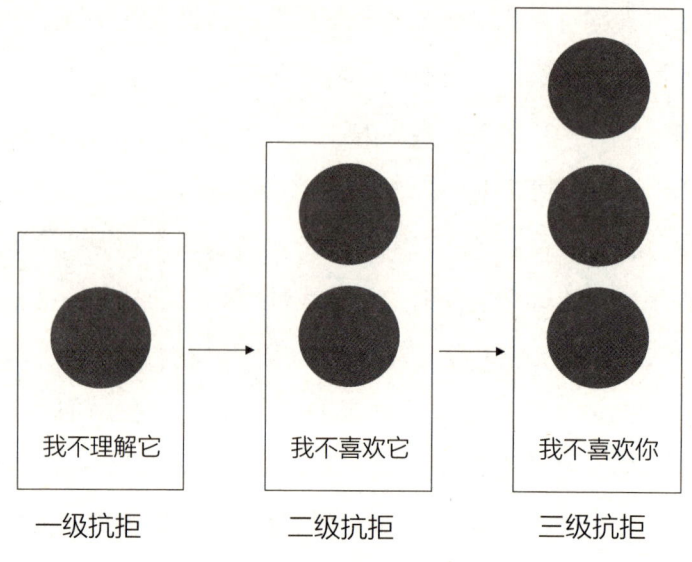

图9-2　变革中的三级抗拒

- 一级抗拒：我不理解它。在这个层面，由于缺少必要的信息，人们对信息存在分歧，不明白变革的原因，也不明白改变对自己来说意味着什么，所以无法理解变革，形成抗拒。
- 二级抗拒：我不喜欢它（创新方案）。二级抗拒比一级抗拒更激烈一些，产生的原因是对变革的恐惧，害怕在变革中失去面子、地位、控制，甚至工作。
- 三级抗拒：我不喜欢你（推动创新和变革的人）。三级抗拒的能量进一步增强，产生的原因是不喜欢推动创新和变革的人，对人缺乏信任，相互冲突的价值观和愿景都有可能带来这类抗拒。

如何化解抗拒

抗拒的程度随着级别的提高而提高。识别出不同级别的抗拒后，可以有针对性地应对和解决。其实，抗拒本身是有能量的，如果能把抗拒这样的"推力"转化为实施过程中的"拉力"，就可以起到事半功倍的作用。那么，如何化解抗拒呢？王志刚在《绩效改进商业画布》一书中针对不同的抗拒级别给出了应对建议，如表9-1所示。

第九章 行动链：执行的力量

表9-1 不同抗拒级别的应对建议

抗拒级别	应对建议
一级抗拒：我不理解它	1. 通俗推广：用通俗易懂的语言和方式，让人们理解变革的价值和意义 2. 及时奖励：对于积极正向的行为及时给予奖励 3. 反复宣贯：不断地、反复地就变革进行宣贯
二级抗拒：我不喜欢它	1. 探寻顾虑：与抗拒者开诚布公地沟通，了解他们的顾虑 2. 隔离顽固：对于顽固的抗拒者，将其隔离出变革系统 3. 规划胜利：规划阶段性的节点，并在取得进展后祝贺胜利 4. 高管站台：让高管出席启动会等重要活动，并给予支持 5. 完善计划：在变革过程中不断完善计划
三级抗拒：我不喜欢你	1. 坦诚沟通：勇敢地面对不信任，坦诚地与抗拒者进行沟通 2. 理顺过节：有针对性地理顺私人过节 3. 联合同盟：联合高层管理者和重要利益相关者，建立同盟 4. 定制计划：因人而异地制订变革计划

同时，奇普·希思（Chip Heath）等在《行为设计学：零成本改变》一书中提出了"改变三步曲"，针对不同程度的抗拒者给出了简单有效的应对建议（见图9-3），也给人们应对和化解三级抗拒带来了启发。

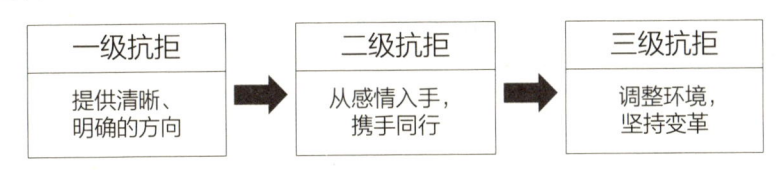

一级抗拒	二级抗拒	三级抗拒
提供清晰、明确的方向	从感情入手，携手同行	调整环境，坚持变革

图9-3 三级抗拒应对建议

一级抗拒（我不知道）产生的原因是方向不明。提供清晰、明确的方向，可以打消大家的疑虑，从而化解抗拒。当然，清晰、明确的方向也可能使抗拒程度提高，升级为二级抗拒。

对于二级抗拒（我不喜欢它），需要从感情入手，加强沟通，消除顾虑，携手同行。当二级抗拒进一步升级为三级抗拒时，需要相关人员具备坚定的信心和毅力。如果处理不好，很可能让整个项目的成果付之一炬。

三级抗拒（我不喜欢你）的力量最强大。当遇到这种抗拒的时候，需要调整环境，甚至调整人员，因人而异地制定策略，坚持变革。

制订沟通计划

持续沟通是化解抗拒的必备动作。无论制定的化解抗拒措施多有效，如果没有高效且频繁的沟通，就很难达到化解抗拒的目的。表9-2提供了一个沟通计划示例，可以帮助你在任务或项目实施过程中与他人实时沟通，尽量减少抗拒的发生。

表9-2 沟通计划示例

负责人	沟通什么	为什么沟通	与谁沟通	何时及如何沟通
张梅	整体项目更新	提供项目实施状况	• 项目发起人 • 项目团队 • 领导团队	每周项目例会后的两个工作日内以电子邮件的方式发送议程和会议纪要
马瑞	项目设计和开发	提供解决方案设计和开发的实时状况	• 技术协作团队 • 项目发起人 • 项目团队 • 领导团队 • 项目领导	技术协作团队每周五下午通过电子邮件将摘要发送给有关各方
陈昊	不配合人员的情况	甄别抗拒类别，针对性地解决	• 项目领导 • 项目当事人	每天下午5时，用30分钟的时间进行电话沟通，必要时可当面沟通

第二步：驱动执行

创新方案的实施一方面要化解抗拒，另一方面要驱动执行。驱动执行是对创新方案实施过程的高效管理，包括任务分解和任务跟进两部分。任务分解可以使创新方案的实施更加简单有序；任务跟进可以使创新方案的实施更加有效。

任务分解

任务分解是对创新方案进行细化和分解。可以借鉴项目管理中的工作分解结构，把创新方案分解成较小且易于管理的组成部分。接下来做一个小测试，以帮助大家理解这个概念。

第九章
行动链：执行的力量

假设你需要分解一头玩具大象（见图9-4），你将如何分解而不会浪费精力和时间？请在你认为正确的答案前的方框内打钩。

图9-4　将玩具大象分解

☐ A.鼻子、牙齿、耳朵、眼睛、腿、身体和尾巴。

☐ B.头部、牙齿、耳朵、身体、四肢和尾巴。

☐ C.其他，请说明：_____

你的回答是什么呢？

请将书倒过来看参考答案。

答案：
应当是C，连B都有遗漏，如果按照这种划分的话，脸毛都被遗漏了；选A的分类没有遵循，没有重复，却头身各占其尾。

你回答得如何呢？在进行任务分解时，不要想着一步就能分解完成，而要一步一步地分解，并在同一维度进行分解，否则会出现遗漏或混淆的情况。因此，第一步分解时，应先把大象分解为4个部分：头部、身体、四肢和尾巴。在确保这4个部分加起来是一个完整的玩具大象的前提下，对这4个部分进行进一步分解。例如，头部可以分解为脸、耳朵、象牙、象鼻，4条腿可以分别独立识别，身体的各个部位可以逐一确定，尾巴和尾巴上的毛也可以分别确定。以上分解过程是有规律可循的。对创新方案进行任务分解时，需要遵循以下两个原则。

（1）100%原则。这个原则要求下一层分解（子层）必须100%表示上一层（父层）元素的内容。上文在分解玩具大象时，大象的下一层（子

> **创新绩效**
> BEM本土化解读和最佳实践指南

层）的4个部分——头部、身体、四肢和尾巴，必须能100%表示大象这个整体（父层）。如果100%符合，说明分解是正确的，不会出现缺胳膊少腿的情况，这会为后续的进一步分解奠定基础。

一种通用的任务分解方法是自上而下地分解。可以召开头脑风暴会议，将创新方案的实施任务——列举出来，然后从顶层开始分解，每次只分解同一层级的任务，直至分解到不能再分解为止。接着自下而上地对分解的任务进行核查，保证每层都遵循100%原则。

（2）MECE原则。MECE原则可以帮助你践行100%原则。MECE的意思是不重不漏，即"没有重复，没有遗漏"。在分解过程中，如果出现遗漏，可能会让你在对问题掌握得不够的状态下做决定，或者把时间耗费在不必要的分析或讨论上，导致成本增加。因此，在进行任务分解时，请随时提醒自己遵循MECE原则，从而践行100%原则。

任务跟进

任务跟进是通过把控项目进展，激发员工热情，推动创新方案的高效实施。任务跟进可以通过激励性计分板实现。激励性计分板是一项激发士气的措施，通过对方案进行及时的激励性反馈，激发员工的热情，提高执行力。就像在体育比赛中，计分牌就是简单直接的激励性计分板。在任务跟进过程中，激励性计分板应符合以下3个特点。

首先，内容一目了然。激励性计分板要简单明了，一眼就能看到当前的进展。因此，要求激励性计分板只显示和体现结果的必要数据，如比赛的比分、实时的销售额等，不需要展示复杂的、众多的和难以识别的指标。

其次，对比显而易见。激励性计分板的位置要显而易见，让大家能很容易地看到，公开展示成果。同时，竞争也要显而易见。在计分板上应能清晰地看到员工相互之间的差距，让员工一眼就能看出自己是否胜出。

最后，数据及时更新。对信息的实时反馈能更好地发挥激励性计分板的作用，达到提高员工绩效的目的。如果信息更新不及时，就无法体现激

第九章
行动链：执行的力量

励性计分板的价值。

在下面的案例中，某公司通过使用激励性计分板，为任务目标的达成发挥了重要作用。

某集团子公司是一家生物医药公司，该公司基于当年的公司战略实施了一项创新方案。在创新方案实施初期，有部分员工存在抵触情绪，各阶段目标的完成率非常低，在集团子公司排名中处于最后一名。为此，项目负责人制订了沟通计划，与存在抵触情绪的员工进行了多次积极的沟通，制定了有效的应对措施。同时，项目负责人设置了激励性计分板（见图9-5），实时公布各部门的当月完成值、各部门完成率的平均值，并抄送总裁。通过激励性计分板，各部门不仅可以看到自己与其他部门之间的差距，看到自己是否实现了公司要求的目标，也可以看到部门现状与平均水平之间的差距。实施激励性计分板措施以后，各部门负责人开始主动推进任务的开展，关注任务动态，任务完成率得到了快速提升，年底完成了110%，超过了原定100%的计划目标。

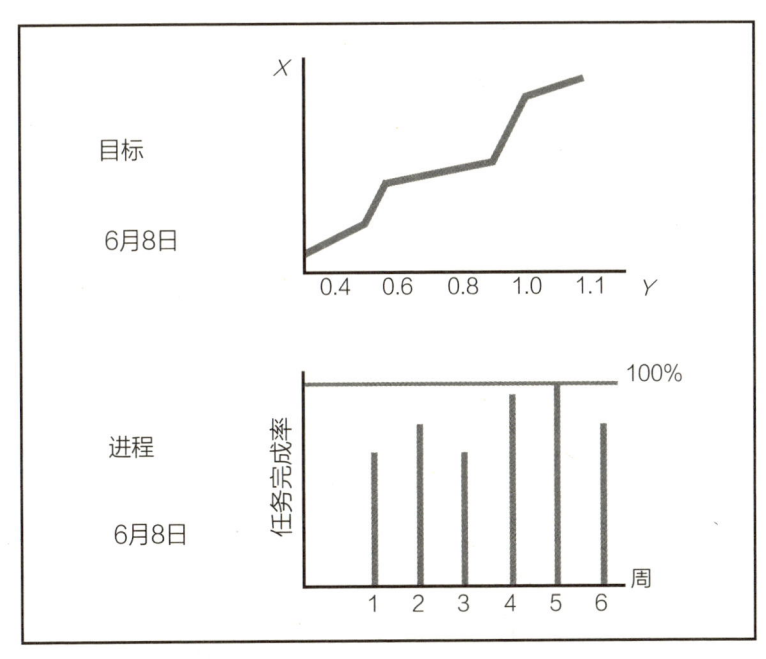

图9-5 激励性计分板

以上案例充分说明，在任务跟进过程中，设计激励性计分板对任务的推进具有积极的作用。当然，在任务推进过程中，不仅需要化解抗拒、驱动执行，更重要的是对项目的实施过程进行复盘和总结。只有这样，才能真正优化创新方案并执行到位。

第三步：回顾复盘

复盘是围棋术语，就是在对局结束后，双方棋手把刚才的对局重复一遍。通过复盘，可以研讨任务执行过程中的经验、不足和得失，从而发现规律，固化流程，传承经验，进而改善未来的绩效，同时避免未来犯同样的错误。在创新方案的执行过程中，回顾复盘可以分为阶段复盘和总结复盘。

阶段复盘

阶段复盘是周期性地在创新方案实施过程中进行复盘。阶段复盘是员工的一种治理机制，能够帮助员工审视目标、了解进展、分析差距、寻找策略和制订计划。

阶段复盘有3步：确定目标和进展、寻找导致差距的原因、寻找措施和计划。

第一步：确定目标和进展。这一步主要是针对现状与预期的目标进行对比，发现亮点和差距，这个阶段主要聚焦在寻找差距上，对于正常实施的各类任务则不需要过多地关注。

第二步：寻找导致差距的原因。这一步需要建立问责机制。问责是要求团队或个人在自己的能力范围内，对部门或自己的工作计划负责。问责是一个中性词，当任务顺利推进时，可以总结成功的原因有哪些。当任务受挫或出现异常时，可以寻找原因，寻找补救措施。

第三步：寻找措施和计划。这一步主要是针对差距产生的原因，探索方案实施的障碍，并对相关的障碍清除计划达成共识。

阶段复盘通常定期组织，如每周一、每月5日等。发生问题时，也可以临时组织。阶段复盘是发现现状、控制进展的重要方式。管理者可以通过阶段复盘了解项目最新进展，制订下一步的计划和策略，对创新方案的实施进行高效的管控。

总结复盘

除了阶段复盘，在项目的最后，总结复盘也是一个必要步骤。总结复盘可以系统地回顾创新方案实施过程中的经验得失，推动工作后续的流程化和制度化。总结复盘主要有5步：目标回顾、方案评估、过程反思、规律总结和行动计划。

第一步：目标回顾。这是以结果为导向审视项目的成败。在目标回顾中，一方面对目标和结果进行客观的描述；另一方面对目标的结果进行评价，在超过目标、达成目标、未达成目标3个选项中选择评价结果。

第二步：方案评估。这一步是对项目实施中的创新方案的有效性进行评估。评估采用定量评估和定性评估相结合的方式。定量评估是根据目标完成的结果进行评价；定性评估是根据复盘者的经验和感受进行评价。在这一步，要对项目中应用的主要创新方案进行逐个评估。创新方案设计的目标是什么？结果是什么？完成率是多少？结果是对创新方案有效性的重要反馈。接下来做有效性评价：未达到目标的，可以评价为无效；基本达到目标的，评价为有效；达到目标并超出预期的，评价为很有效。

第三步：过程反思。过程反思通俗地讲就是总结经验教训。在方案评估中，最有效的创新方案有哪些？这些创新方案成功的原因是什么？无效的创新方案是什么？无效的原因又是什么？这一步不仅能帮助组织梳理出项目中的亮点和不足，还可以通过刨根问底，挖掘问题背后的原因，做到知其然且知其所以然，为未来的项目提供参考和借鉴。

第四步：规律总结。这一步是对项目中受到的思维冲击或启发进行总结，形成顿悟；也是对项目中发现的客观事实、知识经验进行总结。这一步可以将隐性知识显性化，有助于组织知识的复制、传播和推广，从而带来更大的价值。

第五步：行动计划。这一步是知行合一的体现。围绕当前的目标，通过前面的复盘总结出哪些是需要开始做的，哪些是需要继续做的，哪些是需要停止做的，从而形成清晰的计划，指导后续的行动，支持项目的持续改进。

在行动链中，首先通过识别和化解创新方案实施过程中的阻力，为创新方案的实施清除障碍。然后通过任务分解和任务跟进，驱动创新方案的执行。最后通过阶段复盘和总结复盘发现问题并持续改进，为创新方案的实施提供保障。

应用工具

任务分解工具

任务分解工具主要是甘特图，如表9-3所示。

表9-3　任务分解甘特图

创新方案	计划步骤	结果衡量	完成日期	责任人	预算	监督人

表9-4展示了一个使用甘特图进行任务分解的示例。

表9-4　任务分解甘特图示例

创新方案	计划步骤	结果衡量	完成日期	责任人	预算	监督人
制定促进转化标准	设计转化流程	"一页纸"手册	9月15日	张三	无	赵钱
	对销售人员进行培训	考核通过	10月15日	李四	无	赵钱

制作甘特图的前提是将创新方案进行任务分解。甘特图任务管理过

程中使用的任务一览表是一种可将工作计划或工作进度视觉化并与他人共享的方法。甘特图不仅可以用于个人单独工作，也可以用于成员之间的合作，能让"谁在什么时间之前执行什么工作"变得更明确，同时可彼此共享。

在甘特图中填写完成日期，将创新方案转化为可行的计划。具体而言，首先设定任务的目标和截止日期，再向前倒推，整理需要执行的计划步骤、完成日期与负责人。此外，还可以设置预算和相关的监督人，使任务分解计划更全面。

回顾复盘工具

根据回顾复盘的5步，将其整合成一张回顾复盘表，如表9-5所示。

第一步：目标回顾。填写总目标和结果，并根据两者的比较结果，在"超过目标""达成目标""未达成目标"3个选项对应的方框中打钩。

第二步：方案评估。首先，将项目中的主要创新方案填入表格。其次，将各创新方案的目标、结果、完成率填入表格。最后，对创新方案进行有效性评价，根据完成率和复盘人的经验，在"无效""有效""很有效"3个选项下面的方框中打钩。

第三步：过程反思。根据第二步，选择最有效的创新方案，填入"经验"单元格后的创新方案单元格中，并分析成功的原因；选择最无效的创新方案，填入"教训"单元格后的创新方案单元格中，并分析失败的原因。

第四步：规律总结。在"顿悟"单元格后面的单元格中填写思维上、感受上、认知上的收获和启发；在"规律"单元格后面的单元格中填写在项目中发现的客观规律、知识发现、方法流程等知识总结。

第五步：行动计划。在"开始做""继续做""停止做"单元格后面的单元格中分别填写对应的行动计划。

表9-5 回顾复盘表

目标回顾	总目标： 结　果：		☐ 超过目标 ☐ 达成目标 ☐ 未达成目标
方案评估	创新方案1：	目标： 结果： 完成率：	有效性评价： ☐ 无效 ☐ 有效 ☐ 很有效
	创新方案2：	目标： 结果： 完成率：	有效性评价： ☐ 无效 ☐ 有效 ☐ 很有效
	创新方案3：	目标： 结果： 完成率：	有效性评价： ☐ 无效 ☐ 有效 ☐ 很有效
过程反思	经验	创新方案1： 创新方案2：	成功原因1： 成功原因2：
	教训	创新方案1： 创新方案2：	失败原因1： 失败原因2：
规律总结	顿悟		
	规律		
行动计划	开始做		
	继续做		
	停止做		

接下来通过一个应用案例帮助大家更好地理解这个工具。

背景：某快消品公司销售小组制定了6个月内将销售额从80万元提升至130万元的目标，最终实现了133万元的销售额。在项目最后，该销售小组开展了总结复盘。

首先，对目标进行回顾。实际销售额133万元，超过了原定目标130万元，达成了既定目标。

其次，在销售过程中主要运用了拓展销售渠道、开展线下促销活动、推出新品3项创新方案。其中推出新品的效果最好，线下促销活动开展效

第九章 行动链：执行的力量

果不佳。

再次，反思项目中的经验和教训。

复次，对规律进行总结，了解到组织对市场的敏感度很重要，需要把握市场节奏，推出满足市场需求的新品，提高销售业绩。销售爆品的打造有助于销售业绩的提高。

最后，根据复盘结果制订行动计划。

该案例的回顾复盘表如表9-6所示。

表9-6　回顾复盘表示例

目标回顾	总目标：在6个月内将销售额从80万元提升到130万元 结　果：在6个月内将销售额从80万元提升到133万元		☐ 超过目标 ☑ 达成目标 ☐ 未达成目标
方案评估	创新方案1：拓展销售渠道	目标：开发两家实体店合作，新增销售额15万元 结果：开发两家实体店合作，新增销售额15万元 完成率：100%	有效性评价： ☐ 无效 ☑ 有效 ☐ 很有效
	创新方案2：开展线下促销活动	目标：开展促销活动两次，新增销售额5万元 结果：开展促销活动一次，新增销售额1万元 完成率：25%	有效性评价： ☑ 无效 ☐ 有效 ☐ 很有效
	创新方案3：推出新品	目标：推出两款新品，新增销售额30万元 结果：推出罗马尼亚红酒和乳胶枕两款新品，新增销售额37万元 完成率：123%	有效性评价： ☐ 无效 ☐ 有效 ☑ 很有效
过程反思	经验	创新方案1：罗马尼亚红酒和乳胶枕两款新品受到市场欢迎 创新方案2：开发两家实体店合作，拓展了销售渠道	成功原因1：市场需求旺盛；产品渠道独特 成功原因2：客户有需求，渠道有优势

创新绩效
BEM本土化解读和最佳实践指南

续表

过程反思	教训	创新方案1：开展线下促销活动未达到预期效果	失败原因1：活动少，产品缺乏促销空间，活动筹划经验不足
规律总结	顿悟	市场敏感度很重要，只有把握市场需求脉搏，推出市场需求的新品，才能实现业绩增长	
	规律	1. 调研客户需求，推出市场需求旺盛的新品，稳固销售渠道，有利于销售额的增长 2. 线下促销活动成本大，利润低，需要结合客户需求和产品特点来组织	
行动计划	开始做	调研客户需求	
	继续做	销售实体店渠道继续拓展3家，继续推出两款新品	
	停止做	开展线下促销活动	

行动链包括3步：化解抗拒、驱动跟进、回顾复盘。这3步环环相扣，能够以更小的代价获得更有价值的成果。在此过程中，如果能够使用一些教练技巧辅助解决创新方案实施过程中出现的各类问题，就可以更好地推进创新方案的实施，从而实现最终的绩效或创新目标。

教练技巧

行动链诊断问题

在行动链执行过程中，如何诊断是否存在问题呢？表9-7设计了行动链各步骤的诊断问题，通过回答这些问题，可以判断行动链在执行过程中是否合理。

对于每个问题，可以在表9-7中的"是""否"两列进行标记和判断。如果回答"是"，说明进展比较正常；如果回答"否"，那就需要看这一步是否存在疏忽或不足。通过行动链诊断问题表可以发现创新方案实施过程中的问题，及时解决问题并帮助优化和改进创新方案。

第九章 行动链：执行的力量

表9-7 行动链诊断问题表

维度	诊断问题	是	否
化解抗拒	1. 大家对未来的实施计划意见一致吗		
	2. 对于实施计划，大家都认同和支持吗		
	3. 大家对方案的实施有紧迫感吗		
	4. 你观察大家收到实施方案后的反应了吗		
	5. 你是否识别了阻力的类型或特点，并制定了对策		
	6. 每个人都清楚未来的实施计划吗		
	7. 每个人都理解自己在方案实施中所发挥的作用吗		
	8. 全程都有明确的关于方案实施成功的衡量标准吗		
	9. 人们对获得的结果有成就感吗		
	10. 人们在行动的重要节点会因为实现目标而获得认可或奖励吗		
驱动执行	1. 任务分解是否符合不重复、不遗漏的原则		
	2. 任务的重要节点、人员、时间要求等是否清晰		
	3. 任务分解后有没有设置监督人		
	4. 是否设置了激励性计分板，让员工一眼就能看到自己是否胜出		
	5. 是否能清晰地反馈当前的结果与目标之间的差距		
	6. 激励性计分板上的信息是否及时更新		
回顾复盘	1. 是否定期召开阶段性复盘会议		
	2. 阶段复盘是否以结果为导向，总结差距，分析原因		
	3. 阶段复盘是否形成了行动计划，并发放至相关人员		

实战案例：行动链诊断问题

回到本章开头那个实施采购管理系统的案例，在大家的抗拒下，项目停了下来，返回原处。后来我们和项目负责人一起使用行动链诊断问题表进行了诊断，详细记录如表9-8所示。

创新绩效
BEM本土化解读和最佳实践指南

表9-8 行动链诊断问题表示例

维度	诊断问题	是	否
化解抗拒	1. 大家对未来的实施计划意见一致吗		P
	2. 对于实施计划，大家都认同和支持吗		P
	3. 大家对方案的实施有紧迫感吗		P
	4. 你观察大家收到实施方案后的反应了吗		P
	5. 你是否识别了阻力的类型或特点，并制定了对策		P
	6. 每个人都清楚未来的实施计划吗	P	
	7. 每个人都理解自己在方案实施中所发挥的作用吗		P
	8. 全程都有明确的关于方案实施成功的衡量标准吗	P	
	9. 人们对获得的结果有成就感吗		P
	10. 人们在行动的重要节点会因为实现目标而获得认可或奖励吗		P
驱动执行	1. 任务分解是否符合不重复、不遗漏的原则	P	
	2. 任务的重要节点、人员、时间要求等是否清晰	P	
	3. 任务分解后有没有设置监督人	P	
	4. 是否设置了激励性计分板，让员工一眼就能看到自己是否胜出		P
	5. 是否能清晰地反馈当前的结果与目标之间的差距	P	
	6. 激励性计分板上的信息是否及时更新		P
回顾复盘	1. 是否定期召开阶段性复盘会议		P
	2. 阶段复盘是否以结果为导向，总结差距，分析原因		P
	3. 阶段复盘是否形成了行动计划，并发放至相关人员		P

问：大家对未来的实施计划意见一致吗？

答：不一致。大家对实施计划存在分歧。（这个方案的实施遇到了阻力。）

问：对于实施计划，大家都认同和支持吗？

答：没有，有部分人员沉默不作为，但是蓄意破坏的情况没有发生。（有可能存在一级抗拒和二级抗拒。）

问：你观察大家收到实施方案后的反应了吗？

第九章
行动链：执行的力量

答：大家表面上没有反对，但是都没作声。

问：大家对方案的实施有紧迫感吗？

答：没有，大家并不着急推动这项工作，所以一些阶段目标并没有按时完成。（方案没有被很好地推动，抗拒对方案的推行产生了负面影响。）

问：你是否识别了阻力的类型或特点，并制定了对策？

答：没有，对于这些阻力，我们的应对方法并不多，感觉无从下手。（没有识别阻力类型，难以制订应对方案。）

（通过这些问题，我们了解到，方案在实施过程中遇到了阻力，以一级抗拒和二级抗拒为主。项目推动者感受到了阻力的存在，但是无法判断阻力的类型，从而束手无策。）

经过沟通，我们提出了3个建议：第一，召开项目实施启动会，将项目的作用、价值，以及与大家的关系进行充分的说明；第二，邀请成功案例的实施者或代表进行经验分享；第三，邀请老板站台，并寻求各部门负责人的支持。以上3个建议实施后，取得了一定的效果。但这种抗拒可能会随着项目的推进反复出现，在驱动执行过程中，还需要进一步了解。

问：每个人都清楚未来的实施计划吗？

答：是的，我们分发了实施计划。（大家知道实施计划。）

问：每个人都理解自己在方案实施中所发挥的作用吗？

答：大部分人是了解的，但也有一部分人不太理解。（有些人不知道该怎么做。）

问：全程都有明确的关于方案实施成功的衡量标准吗？

答：是的，我们制定了衡量标准，大家在规定时间内能正常使用软件。（有成功衡量标准，但是过程中没有阶段衡量标准，导致过程无法得到有效控制。）

问：人们对获得的结果有成就感吗？

答：没有。（缺少认可和激励。）

创新绩效
BEM本土化解读和最佳实践指南

问：人们在行动的重要节点有因为实现目标而获得认可或奖励吗？

答：没有。（缺少认可和激励。）

（说明：在驱动执行过程中，大家知道计划的实施要求，但有些人并不了解如何做；缺乏阶段衡量标准；没有激励，大家没有积极性。）

根据以上情况，我们提出以下建议：制定和分发操作指南或微课，帮助不会操作的人了解如何操作；制定阶段目标和衡量标准，并且在阶段目标完成时给予大家肯定和激励；设置激励措施，寻找标杆给予认可、表彰和即时奖励。接下来，我们继续提问。

问：任务分解是否符合不重复、不遗漏的原则？

答：符合。

问：任务的重要节点、人员、时间要求等是否清晰？

答：有规定，是比较清晰的。

问：任务分解后有没有设置监督人员？

答：有安排监督人员。

问：是否设置了激励性计分板，让员工一眼就能看到自己是否胜出？

答：没有，我们并没有将过程反馈给大家。（大家无法知道进展，无法形成竞争氛围。）

问：是否能清晰地反馈当前的结果与目标之间的差距？

答：没有。（大家无法了解现状与目标之间的差距，难以形成紧张感。）

（说明：对实施方案进行了分解，也有监督人员，但是大家没有收到关于阶段信息的反馈，无法了解现状与目标之间的差距。）

根据以上情况，我们提出以下建议：在部门之间设置激励性计分板，一方面，将关键里程碑的时间要求和推进现状在激励性计分板上展现出来；另一方面，将各部门的进展在同一个激励性计分板上展现出来。同时，对数据进行及时的更新和反馈。

第九章
行动链：执行的力量

问：是否定期召开阶段性复盘会议？

答：是。

问：阶段复盘是否以结果为导向，总结差距，分析原因？

答：每次会议的内容主要是督促大家完成任务，并没有总结差距和分析原因。

问：阶段复盘是否形成了行动计划，并发放至相关人员？

答：复盘没有形成行动计划。

（说明：在方案实施过程中没有复盘总结，也没有形成行动计划。）

针对以上情况，我们提出以下建议：在推动过程中定期召开复盘会议；在复盘会议上进行追责，并以结果为导向，分析原因，确定解决措施；在复盘会议上形成实施计划，并达成共识，下发至相关人员，下次会议开始时检查监督。

诊断后，项目负责人根据我们提出的建议进行了改善和落实，新系统终于顺利实现了推广使用。

本章回顾

我们用一些简单的回顾性题目结束这一章。请从括号中选出最适合每句话的词语。

（1）在变革中，抗拒可以分为（□我不理解它　□我不喜欢它　□我不喜欢你　□沉默）三级。

（2）行动链包括（□化解抗拒　□果断执行　□驱动执行　□回顾复盘）3步。

（3）激励性计分板有3个特点，分别是（□内容一目了然　□比较显而易见　□数据及时更新　□内容完整全面）。

（4）100%原则实现的前提是（□工作分解结构　□MECE原则）。

（5）如果遇到（□一级抗拒　□二级抗拒　□三级抗拒），需要从感情入手，加强沟通，消除顾虑，携手同行。

回答和解释

（1）在变革中，抗拒可以分为"我不理解它""我不喜欢它""我不喜欢你"三级。沉默、困惑、公开批评等是抗拒的表现。可以根据抗拒表现来识别抗拒的级别。

（2）行动链包括3步：化解抗拒、驱动执行和回顾复盘。化解抗拒首先要识别抗拒的级别，然后根据不同级别抗拒的特点进行化解；驱动执行包括任务分解和任务跟进；回顾复盘包括阶段复盘和总结复盘。

（3）激励性计分板有内容一目了然、比较显而易见、数据及时更新3个特点。

（4）MECE原则可以帮助人们实现100%原则。MECE的意思是不重不漏，即"没有重复，没有遗漏"。

（5）如果遇到二级抗拒，则需要从感情入手，加强沟通，消除顾虑，携手同行。当二级抗拒进一步升级为三级抗拒时，需要相关人员具备坚定的信心和毅力。如果处理不好，很可能让整个项目的成果付之一炬。

第四篇

成功乐章

纸上得来终觉浅，绝知此事要躬行。

——（宋）陆游，《冬夜读书示子聿》

第十章

真实应用案例：数字化金融公司的神奇赋能

案例背景

张丽在一家数字化金融公司担任内部组织绩效顾问，负责公司内部的人才发展和绩效改进相关工作。张丽的主要工作是为内部利益相关方（包括她的上级、CEO、业务负责人等）提供人才发展和绩效改进实践的建议，具体包括设计、交付和实施相关创新方案，提供大量的教练技巧及与内部利益相关方对话。

工作日的某一天，张丽收到一封邮件，是公司的业务总监俞生发来的。俞生描述了其下属业务主管缺乏辅导技能的现实情况，希望张丽开展有关如何提高业务主管辅导技能的培训，以快速提高业务主管的胜任能力。

张丽看到这个培训需求，很清楚这个需求可能是一个假需求，业务总监俞生可能看到了问题的症状，但并没有看到问题本身，即真问题。同时，张丽感受到俞生想解决问题的迫切性，她希望与俞生合作，共同发现和解决真问题。于是，她马上回复了邮件，并表示想当面跟俞生谈谈如何解决他提出的问题。

张丽没有直接跟俞生探讨如何设计一个提升业务主管辅导技能的培训计划，而是通过有效的对话使俞生意识到真问题是什么。

俞生：我想跟你讨论如何设计一个提高我下属业务主管辅导技能的培

训计划。

张丽：我很期待。我比较好奇，你这里说的业务主管具体指哪些人？

俞生：就是我下属的主管级员工，大概有30人。

张丽：了解。你这里所说的"辅导技能"具体指什么？

俞生：主要是谈判技能和沟通转换能力。

张丽：理解。你观察到他们做了什么或没做什么，让你觉得他们需要参加这个培训？

俞生：现在谈判技能越来越重要，同时，由于负荷降低，电话接通后的沟通转换能力比增加拨打电话的次数更加重要。

张丽：提高他们这些能力的目的是什么呢？

俞生：当然是实现业务目标。

张丽：咱们的业务目标有哪些衡量指标？

俞生：主要包括3个：回收率、违规率和大额回收的增长率。

张丽：这3个指标中哪个是最重要的？

俞生：大额回收的增长率。

张丽：目前是多少？希望达到多少？

俞生：目前是2.9%，希望达到3.0%。因为绝对值比较大，所以提高0.1%并不容易。

张丽：理解。您希望多久能够达成这个目标？

俞生：一个月内。

张丽：好的。我想我能够协助您，咱们一起努力，达成这个目标。

……

确定问题

张丽通过进一步使用发现问题的应用工具，与俞生就真问题达成了共识，如表10-1所示。她告诉俞生，还需要与业务主管们一起召开为期半天的研讨会，看一下导致该问题的原因有哪些，再提出具体的创新方案，而不只是通过培训解决问题。俞生认可了张丽的建议。

表10-1 俞生需求的具体问题描述

提出问题

问题类型	具体的问题类型（打√）	真问题/假问题	是否需要重构问题
业务问题			
环境问题			
行为问题			
能力问题	√	很可能是假问题	是

衡量问题

主谓宾补	某数字化金融公司提高上海大额回收的增长率从当前的2.9%到下个月的3.0%

描述问题

使用6W2H描述具体情况

Who	业务总监、内部绩效顾问
What	某业务模块的业绩对标外包团队有较大的提升空间
Whom	业务主管
When	希望1个月内解决
Where	上海
Why	从管理角度分析，业务主管与外包主管相比，在员工辅导上存在一定的差距
How	目前没有具体干预和行动，希望通过培训和半天的研讨会解决问题
How Much	主要是时间成本，可以投入一定的资金

检核问题

☐ 已针对问题全方位收集了事实和其他各类信息

☐ 对真问题达成了共识

☐ 没有被忽略的信息或关键点

第十章
真实应用案例：数字化金融公司的神奇赋能

分析问题

为了更好地分析和解决问题，在与俞生交流之后，张丽首先与公司内部的利益相关方就最初的问题进行了分析，然后进行了正式的半天研讨会，分析问题背后真正的原因，并提出创新方案。

首先，张丽应用BEM和YES模型进行诊断，诊断永远从BEM第一层开始。诊断路径如图10-1所示。

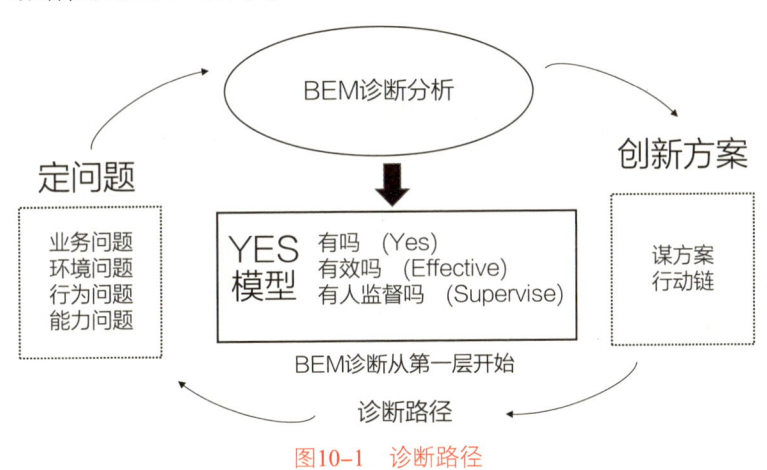

图10-1 诊断路径

俞生：在本次会议上，张丽将和我们一起探讨，帮助我们实现上海大额回收的增长率从当前的2.9%提高到下个月的3.0%这一目标。下面我们开始交流。

张丽：很高兴参与大家的交流，我有一些问题想和大家探讨。首先，我想了解一下，员工辅导是业务主管的工作职责吗？

业务主管们：是业务主管的工作职责之一，公司对业务主管的考核也设置了相应的指标。

张丽：大家认为一位优秀的辅导老师应满足哪些能力要求呢？

业务主管甲：业务能力强，自己绩效优秀。

业务主管乙：掌握一些教学和沟通技巧。

业务主管丙：严格、尽责、耐心。

......

张丽：了解。我听到了大家对辅导能力要求的看法，那目前有统一的标准吗？

俞生：目前公司对业务主管的辅导能力还没有统一的标准。

张丽：在业务主管辅导员工的过程中，公司会从哪些方面了解辅导进展和效果呢？

俞生：我们一般会让业务主管递交员工辅导方案，说明开始时间和结束时间。然后在辅导结束之后，和业务主管们确认是否完成了辅导。

张丽：在辅导过程中会有一些跟踪和监督吗？

俞生：没有。

张丽：好的。大家如何确认辅导是否完成了呢？对结果有哪些评价指标呢？

俞生：辅导结束后，会让业务主管填写一份辅导记录表，注明辅导了哪些内容。目前没有明确的评价指标。

张丽：对于员工辅导的效果，我们会向业务主管反馈吗？

俞生：目前没有。

通过这一阶段的讨论，我们得出BEM第一层存在的问题。

（1）我们对业务主管的辅导能力要求缺少统一的标准。

（2）我们对业务主管的辅导效果缺乏监督和反馈。

分析完BEM第一层后，张丽很清楚还需要继续探寻BEM第二层。

张丽：在实施员工辅导的过程中，大家有必要的资源吗？

业务主管们：资源都有，有培训教室供我们辅导交流，当然我们也会教员工一些话术。

张丽：这些话术是统一的吗？有效吗？

业务主管们：不同的业务主管有不同的话术，话术的效果并不明显。

张丽：那对于提高员工大额催收能力，有其他有效的工具提供给员工吗？

第十章 真实应用案例：数字化金融公司的神奇赋能

业务主管们：目前没有有效的工具。

通过这一阶段的讨论，我们得出BEM第二层存在的问题：主管无法为员工提供提高大额催收能力的有效工具。

考虑到辅导是业务主管的职责之一，在业务主管的绩效考核中已经设定了相关的考核指标，因此，这里暂不考虑BEM第三层的因素。

张丽：在员工辅导工作中，从业务主管的角度看还有什么问题吗？

俞生：业务主管的辅导能力有待提高。

业务主管们：我们也希望公司组织一些培训以提高我们的辅导能力。

通过这一阶段的讨论，我们得出BEM下三层个人因素存在的问题：业务主管缺乏辅导技能。

我们通过BEM层级转换器将BEM下三层个人因素中的原因转换为上三层的原因，如图10-2所示。

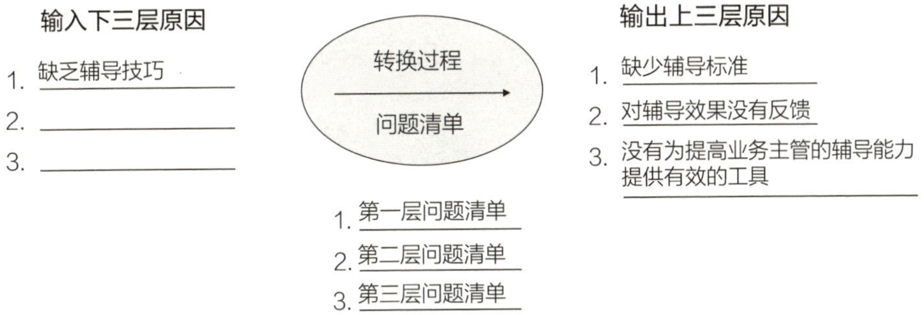

输入下三层原因
1. 缺乏辅导技巧
2. _____
3. _____

转换过程 → 问题清单
1. 第一层问题清单
2. 第二层问题清单
3. 第三层问题清单

输出上三层原因
1. 缺少辅导标准
2. 对辅导效果没有反馈
3. 没有为提高业务主管的辅导能力提供有效的工具

图10-2 通过BEM层级转换器将BEM下三层的原因转换为上三层的原因

最后，将上述所有原因进行汇总整理，与会人员对以下原因达成了共识。

（1）我们没有对"业务主管缺乏辅导技能"建立清晰的标准。

（2）我们没有对业务主管的辅导效果建立监督和反馈机制。

（3）我们没有针对"业务主管无法给员工提供大额催收的方法"提供有效的工具。

（4）我们没有为提高业务主管的辅导能力提供有效的工具。

分析和转换原因之后，我们一共发现了4个原因。一般而言，不超过

181

> **创新绩效**
> BEM本土化解读和最佳实践指南

6个原因可以不使用冰山根因分析法，只需要根据这4个原因设计有效的创新方案和行动链即可。

创新方案与行动链

张丽与业务总监及其下属的明星业务主管通过共创，运用BEM对问题进行了详细的诊断，最终找到了4个根本原因。下一步就需要制订针对性的创新方案。在制订创新方案前，张丽告诉俞生可以提前确定参与方案制订的所有项目组成员。

收集方案

制订方案的第一步是收集方案。张丽邀请所有项目组成员一起结合BEM创新方案表，根据BEM每层找出的原因，匹配对应的创新方案。同时张丽不断提醒大家，收集方案时要注意准确聚焦、关注结果和伙伴关系，确保创新方案能够实现改进的目标。最终，经过大家的讨论，共收集4个创新方案，如表10-2所示。

表10-2 BEM创新方案表

BEM层级	BEM根本原因 根本原因	可能的创新方案
第一层	我们没有对"业务主管缺乏辅导技能"建立清晰的标准	制定业务主管辅导能力要求标准
第一层	我们没有对业务主管的辅导效果建立监督和反馈机制	制定业务主管辅导效果反馈机制
第二层	我们没有针对"业务主管无法给员工提供大额催收的方法"提供有效的工具	开发大额催收的有效工具
第二层	我们没有为提高业务主管的辅导能力提供有效的工具	开发提高业务主管辅导能力的工具（线上AI辅导反馈平台）

配置方案

制订方案的第二步是配置方案，配置方案的目的是从所收集的多个备选方案中找出核心方案。张丽继续带着项目组成员使用创新方案评估表，从必要性、经济性、可行性和接受度4个维度对现有的创新方案进行评估，最终选择了评分排名前三的创新方案作为项目的核心方案，如表10-3所示。

表10-3 创新方案评估表

创新方案	必要性（×3）	经济性（×3）	可行性（×3）	接受度（×1）	小计	评估名次
制定业务主管辅导能力要求标准	4	3	2	3	30	1
制定业务主管辅导效果反馈机制	3	2	2	4	25	4
开发大额催收的有效工具	4	2	2	4	28	2
开发提高业务主管辅导能力的工具（线上AI辅导反馈平台）	3	2	3	3	27	3

准备行动

选择好方案，在实施方案前还需要做好第三步：准备行动。磨刀不误砍柴工，只有做好充分准备，才能保障方案顺利实施。需要做好哪些准备呢？张丽向俞生和项目负责人分享了"6个到位"模型，通过使用"6个到位"问题清单，从6个维度做好相应的准备，如表10-4所示。

表10-4 "6个到位"问题清单

维度	问题	准备行动是否到位
人员到位	需要哪些人参与？人员是否足够？大家是否有意愿参与	• 需要参与的人员：业务主管、业务经理、质检人员、策略/数据人员、培训人员等，其中业务主管是项目的重点参与成员 • 目前项目所有利益相关方的参与成员都已经确定，他们都愿意参与项目

续表

维度	问题	准备行动是否到位
结构到位	项目分工及工作职责如何分配	建立了项目小组，小组成员在工作分工上已经做好准备 • 策略/数据人员：负责对现有录音数据进行分析，提供数据支持，协助业务人员制定标准 • 质检人员：提供监听录音，支持业务人员制定监听标准 • 培训人员：梳理优秀业务主管和员工的关键行为，协助业务人员制定标准 • 业务人员：提供梳理对象，协助梳理相关信息，制定录音标准，确定方案
奖励到位	是否制定了相应的奖励机制	• 项目组成员基于共同的目标组建了项目组，大家对项目的价值和目标共识明确，并不需要设置额外的物质奖励，更多的是精神鼓励
资源到位	项目需要哪些资源？是否已经准备到位	• 项目的主要资源是人力资源，目前所有利益相关方均已准备到位 • 其他可能需要的资源：电话录音、外包公司的优秀辅导行为分享资源等
决策到位	决策是由熟悉这些工作的人做的吗？是否与利益相关方做过沟通	• 项目是由业务总监俞生发起的，业务经理王磊作为项目负责人，他们对工作内容都非常熟悉，且该项目与他们密切相关 • 项目发起后，俞生通过分别或集中召开会议等方式对项目的目标、意义、规划做过多次沟通，并汇报给老板审批通过
流程到位	是否需要重新调整工作流程	• 项目实施结束后可能会建立新的工作流程或标准机制，这也是项目的主要解决方案之一

经过收集方案、配置方案、准备行动这3步，俞生与项目组成员基本做好了准备，可以开始行动，实施创新方案了。这个环节非常重要，如果稍不留神，就可能会导致项目失败。为了确保万无一失，张丽告诉俞生，实施创新方案也需要分三步走。

化解抗拒

为了使所选择的创新方案能够成功地解决问题，张丽询问俞生与王

第十章
真实应用案例：数字化金融公司的神奇赋能

磊：是否所有利益相关方对问题是什么及如何解决问题都已经达成共识？因为选择任何一个创新方案似乎都可能遭到一些人的抗拒，如果不提前化解抗拒，就可能会影响项目的成功。

得到肯定的回答后，张丽继续询问俞生：谁会影响变革决策或谁会受到决策的影响？俞生与项目组成员共同进行头脑风暴，确定了潜在的利益相关者，分别如下。

- 测试组主管：创新方案的直接实施者，他们需要改变原有的工作流程和方法。
- 外包经理：项目的对标对象，选择他们团队作为竞争对象，也需要他们提供并分享资源。
- 一线业务人员：创新方案的最终执行者，他们需要改变原有的工作习惯。
- 培训负责人：负责提供专业方法和专家资源用于协助业务人员制订解决方案。
- 质检经理：负责监督、支持用于制订创新方案的资源。
- 策略/数据负责人：负责监督、协助用于制订创新方案的资源。

张丽建议俞生与可能受到创新方案影响或影响创新方案的利益相关方分别进行面对面交流，以判断他们对项目的抗拒程度。经过沟通，俞生了解到，大部分利益相关方对项目的抗拒程度属于一级抗拒，即不理解项目。基于此类抗拒，俞生邀请了所有利益相关方，对项目的背景/问题、项目的价值/收益、项目的解决方案做了详细的说明，同时开诚布公地说明了项目可能遇到的挑战或风险及应对策略。他还多次强调大家的最终目标是一致的，都希望提升业绩，因此他希望可以得到大家的支持。

当然，俞生还发现有部分业务主管和业务人员存在二级抗拒，即不喜欢项目。对此，俞生让业务经理王磊进一步探寻他们的顾虑，了解到他们更多的是害怕在执行中遇到困难，以及做不好会影响他们的绩效，并对项目中提供的工具的有效性表示担忧。针对他们的顾虑，王磊带着项目组成员对创新方案的实施计划做了进一步完善，并告知他们按阶段进行复盘，确保执行不发生偏差，并及时评估与调整效果不理想的创新方案。同时，王磊向业务主管表达了在整个过程中都会陪伴大家一起改进，有任何困难都会帮助大家一起克服。通过多次正式和非正式沟通，大家的顾虑基本消除了。

驱动执行

这一步是为了推动创新方案落地，首先需要对创新方案进行任务分解，将其分解成一个个可以执行的行动计划。张丽邀请项目组成员一起运用任务分解甘特图，将创新方案进行了任务分解，详细内容如表10-5所示。

表10-5 任务分解甘特图

创新方案	计划步骤	结果衡量	完成日期	责任人	预算	监督人
制定业务主管辅导能力要求标准，开发提升工具	1. 调研与梳理绩优业务主管的关键辅导行为	关键行为标准	4月19日—4月23日	培训专家	—	培训负责人
	2. 组织研讨共创会，确定辅导标准	辅导标准	4月23日—5月10日	培训专家	—	业务总监
	3. 梳理员工常见工作问题及辅导偏好	分析报告	5月10日—5月17日	培训专家	—	业务经理
	4. 收集常见辅导方法并结合现状进行调研，确认辅导方法的使用现状	调研报告	5月17日—5月21日	培训专家	—	业务经理
	5. 制定和优化最优辅导方法	辅导方法与工具	5月24日—5月28日	培训专家	—	业务总监

第十章
真实应用案例：数字化金融公司的神奇赋能

续表

创新方案	计划步骤	结果衡量	完成日期	责任人	预算	监督人
开发大额催收的有效工具	1. 分析现有录音数据，确定录音监听方向	录音监听标准	4月19日—4月23日	策略/数据人员	—	业务总监
开发大额催收的有效工具	2. 提供录音监听工具，协助制定录音分析报告	录音	4月23日—5月10日	质检人员	—	业务经理
开发大额催收的有效工具	3. 提供梳理对象并协助梳理相关信息，参与录音梳理，制定录音标准	监听标准	4月19日—5月10日	业务组	—	业务经理
	4. 梳理客户问题并制定应对方法	催收方法	5月10日—5月21日	业务组	—	业务总监

任务分解后，还需要做好任务跟进，检查任务是否按照进度执行，在执行过程中是否遇到了问题或偏差。张丽建议俞生和王磊采取类似激励性计分板的形式，让所有项目组成员能够及时了解任务实施进度。最终王磊采取以周为时间节点，要求各任务负责人以邮件方式汇报任务实施进度，并抄送所有项目相关方，同时要求任务监督人对任务实施进度进行反馈与激励。通过这样的方式，项目组成员不仅能及时了解项目进度，还能针对实施过程中出现的问题及时获得反馈。俞生会定期回复邮件，以正反馈激励大家更好地完成任务。

回顾复盘

要想让创新方案顺利地执行以达到期望的目标结果，回顾复盘这一步必不可少。在整个任务的实施过程中，张丽建议俞生通过阶段复盘审视目标，了解进展，分析差距，寻找新的策略，优化行动计划。俞生和王磊决定每两周召开一次项目复盘会议，会议上由任务负责人对任务进度、实施成果、执行过程中的问题等进行汇报反馈,对顺利推进的任务进行经验总结,同时对未能顺利推进的任务进行反思总结,并在会后将会议纪要以邮件的形式发送给所有项目组成员,进行复盘结果公示。通过阶段复盘,项目最终按照进度和质量要求完成了所有创新方案的落地实施。

项目完成后,张丽提醒俞生对项目做总结复盘,系统地回顾创新方案实施过程中的经验得失,判断是否能将方案流程化和制度化以推动工作持续开展或推广。张丽和俞生带着项目组成员运用总结复盘表,从目标回顾、方案评估、过程反思、规律总结和行动计划5个维度进行了详细的复盘,具体内容如表10-6所示。

表10-6 回顾复盘表

目标回顾	总目标:提高上海大额回收增长率从当前的2.9%到下个月的3.0%		☑超过目标 □达成目标 □未达成目标
	结果:大额回收增长率从2.9%提高到3.5%		
方案评估	创新方案1:制定辅导能力标准及方法	目标:辅导能力评分提高至3.18分(满分5分) 结果:辅导能力评分提高至3.49分 完成率:109.7%	有效性评价: □无效 ☑有效 □很有效
	创新方案2:制定大额催收方法	目标:大额回收增长率提高到3.0% 结果:大额回收增长率提高3.5% 完成率:116.6%	有效性评价: □无效 □有效 ☑很有效
过程反思	经验	创新方案1:找到了业务主管辅导问题的根因在于缺少执行标准	成功原因1:做了大量的数据调研和行为观察,通过对比分析找到了绩优行为的标准动作
	经验	创新方案2:从客户维度分析应对方法,提供了新的视角	成功原因2:通过监听大量录音找到了不同客户群体的常见问题及特点,制定了有针对性的应对方法

第十章 真实应用案例：数字化金融公司的神奇赋能

续表

过程反思	教训	创新方案1：标准在实际执行中持续存在挑战	失败原因1：完全靠人力监督难度较大
		创新方案2：执行时无法穷尽，个性化内容多	失败原因2：需要执行者灵活运用方法，而不是一成不变
规律总结	顿悟	员工能力不足的根因通常是不清楚执行标准的要求，以及未向他们提供更有效的工具	
	规律	要想通过提高能力改善绩效，应该从执行标准开始分析	
行动计划	开始做	1. 将辅导标准明确到业务主管的日常工作标准中，并作为业务主管的绩效考核指标之一 2. 利用线上AI数字化手段开发辅导反馈平台，帮助业务主管不断强化工具运用能力	
	继续做	对业务主管的辅导行为进行持续考核和评估，以培养他们的习惯	
	停止做	不按标准要求执行的辅导行为	

根据复盘总结中形成的规律和经验，俞生调整了工作流程，完善了工作制度，并将其推广和复制到更多的业务团队及个人，达到了持续改进的目的。该项目在年终项目总结时获得了老板的认可和各方的好评，俞生也对张丽在项目中的支持表达了感谢。

案例回顾

本案例中的项目组使用本书的主要分析框架——π模型（见图10-3），按照"问题—分析—创新"的思路，同时运用教练的有效对话技巧，最终达成了目标。在此过程中，业务部门与内部绩效顾问一起建立了伙伴关系，提出了简单有效的创新方案，并通过行动链落地。通过本案例的分享，可以回顾一下利用π模型解决问题的整体逻辑。

创新绩效
BEM本土化解读和最佳实践指南

问题　　　　　　分析　　　　　　创新
(Problem)　　　(Analysis)　　　(Innovation)

定问题　→　BEM　→　谋方案 → 行动链

图10-3　π模型

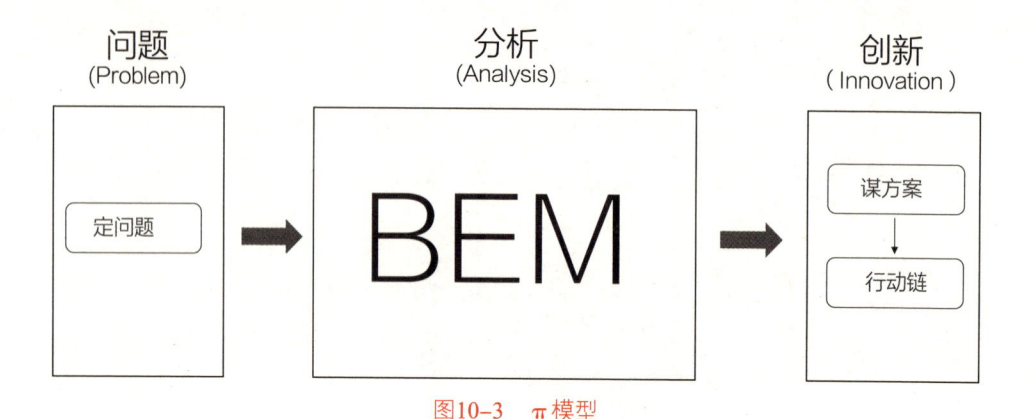

问题

定问题，发现真问题。组织中有4类需求：业务需求、环境需求、行为需求和能力需求，根据这4类需求产生的落差，可以界定4种具体的问题：业务问题、环境问题、行为问题和能力问题。在这4类问题中，业务问题和环境问题往往是真问题，行为问题可能是假问题，而能力问题很可能是假问题。大家需要通过教练和对话的方式探索真问题。正如本案例中所体现的，从表面看是能力问题，但最终发现，真问题是业务问题。在此过程中，需要运用确定问题三步曲和教练技巧来发现真问题。

分析

使用BEM进行诊断分析。在BEM中最核心的一句话是："分析下一层的原因解决不了上一层的问题。"因此，永远都要从BEM第一层开始分析。BEM第一层具有唯一性的特点，包括标准、信息和反馈3个因素。BEM第二层具有多样性的特点，包括资源、工具、流程3个因素。BEM第三层具有一致性的特点，包括结果、激励和奖励3个因素。同时，数据原本在BEM第一层，但当前数字化已经成为每个组织必须面对的课题，数据也成为绩效分析中不可或缺的因素。

同时，BEM中的个人因素非常重要，因为人是一切问题的根源。可是改变人太难了，需要付出很高的行为代价，因此应首先考虑改变组织因

第十章
真实应用案例：数字化金融公司的神奇赋能

素，因为组织因素相对容易改变，对绩效的影响更大。

创新

创新具体包含两个方面：谋方案和行动链。谋方案包括3步：收集方案、配置方案、准备行动。其中，通过使用水平思考的方式提出突破性方案是谋方案的重点。行动链也包括3步：化解抗拒、驱动执行、回顾复盘。执行落地是非常重要的，在我们经历的项目中，有些创新方案设计得很好，但在行动落地时出现了问题，因此对这个环节应特别关注。

后 记

本书从2019年开始策划，如今终于付梓，其间经历了无数次推倒重来，其中的酸甜苦辣，只有身在其中的人才能体会。幸运的是，我们坚持下来了。我们在知网、Wiley、Springer、American Psychological Association（EBSCO）、WOS核心集等国内外数据库中来回穿梭，像走街串巷一般，探寻着BEM的脉络和吉尔伯特的足迹。斯金纳和勒温等心理学大师留下的行为主义思想沁人心脾，先行者留下的真知灼见令人叹为观止。我们心中的BEM谜团逐渐散去，同时另一个谜团随之而来："我们如何走进读者的心里？"

依稀记得2021年春节，由于需要阅读部分英文资料，我有点"残忍"地要求大家在7天内提交某本英文书的译文，这本书有500多页，但大家分工合作，大年初七就完成了。依稀记得为了查找某项数据的出处，我们发挥了"钻牛角尖"精神，将阿富汗、非洲等国家和地区的佐证数据都找出来了。看到不同来源的数据，我们有了明确的结论，那一刻的"恍然大悟"，让我们至今印象深刻。依稀记得为了翻译BEM"休闲三定律"中的"Leisurely"一词，使其更符合中文语境，且不失原有英文的内涵，我们绞尽脑汁，我们现在还能回忆起那种"酸爽"的感觉。在一次又一次的依稀记得、一次又一次的彷徨无助和一次又一次的恍然大悟中，我们不断实践，不断成长。我们没有忘记撰写本书的初心：用我们的努力和真诚，

后记

让读者既能感受到英文书籍的原汁原味，又能体会到本土化实践带来的应用。看完本书的读者，不知我们做到了吗？

从学习绩效改进到实践再到写作，这是一段非同寻常的体验，我们在每个阶段都有新的感悟与思考。在学习时，我们是兴奋的，因为我们掌握了一套系统、简约、实用的方法论。毫不夸张地说，学习绩效改进让我们在迷茫的职业生涯中找到了方向，使我们不再陷入验证培训价值的恐慌中，开始真正懂得如何成为懂业务的培训人。当然，掌握了方法论后，还需要将这套方法论应用到实践中，只有运用知识才能感受到知识的力量。在一次次运用绩效改进尤其是运用BEM帮助业务人员和组织诊断出真问题并找到适合的创新方案的过程中，我们不仅感受到了业务人员对我们的认可与信任，也真正体会到了绩效改进不是学出来的，而是做出来的。我们在每次实践中都会遇到新的问题和挑战，因此在解决过程中每次都会有不同的反思和新的经验积累。我们希望通过本书将这些经验分享给更多的人。然而，写作的过程真的是"痛并快乐着"，我们不但要确保自己对理论知识的研究足够深入，还要用深入浅出的语言向读者呈现简单、实用的方法，希望我们的努力没有辜负读者对本书的期待。

本书让我们与绩效改进有了连接，与读者有了连接，还与另一群人有了连接。他们是这本书的幕后英雄，我们在此对他们表示深深的感谢。在我们举办的两次新书封闭研讨会中，曹双、吴天、陈益涵、李思儒、汪皓怡、姜立华、陈红兰、董夏伟等绩效改进爱好者给予了我们很多帮助，他们提出的宝贵意见让我们受益匪浅。

特别感谢电子工业出版社晋晶老师、培训经理人俱乐部上海分会会长孙福波老师、上海长宁人才CN-Talent团队负责人周琨老师、耘舍咨询负责人董战楠老师及栀敏咨询负责人孙勇老师，他们在我们撰写本书的过程中给予了无私的指导和帮助。同时，特别感谢知名教育企业家林涛先生及汪芸女士对本书的大力支持和指导。

我们在本书中看到了BEM未来更多的运用场景，如敏捷数字化、绩效与创新、人工智能与π模型共舞等。从BEM角度系统地看待组织文化系统等新的方向和实践，也为我们带来了非常多的可能性。写完本书，我们共同的感受是兴奋，因为对BEM的研究仅是一个开始，我们相信在今后一路的实践和摸爬滚打中，会有更多新的、敏捷化的理论和实践被发现、被创新。

最后，借用易虹老师的一句话："让我们做情怀满满的绩效改进人。"

让我们一起加油。

王志刚

参考文献

[1] 王志刚.绩效改进商业画布[M].北京：电子工业出版社，2021.

[2] 希思.上游思维[M].尚书，译.北京：中信出版集团，2021.

[3] 德鲁克.创新与企业家精神[M].魏江，陈侠飞，译.北京：机械工业出版社，2023.

[4] 拉姆勒，布拉奇.流程圣经：管理组织空白地带（原书第3版）[M].王翔，杜颖，译.北京：东方出版社，2014.

[5] 爱迪思.企业生命周期[M].王玥，译.北京：中国人民大学出版社，2017.

[6] 柯维.高效能人士的七个习惯[M].顾淑馨，常青，译.北京：中国青年出版社，2002.

[7] 王志刚.换种教法：高绩效培训师精进之道[M].北京：电子工业出版社，2020.

[8] 罗宾逊.绩效咨询：人力资源和培训管理专业人士实用指南[M].田力，译.北京：清华大学出版社，2010.

[9] 格拉-洛佩兹，希克斯.绩效伙伴：让战略落地[M].易虹，谭雄鹰，徐丽，译.北京：电子工业出版社，2020.

[10] 杰克·韦尔奇，苏茜·韦尔奇.赢[M].余江，玉书，译.北京：中信出版集团，2017.

[11] 提姆，莫斯利，迪辛格.绩效改进基础：通过人员、流程和组织优化结果（第三版）[M].易虹，姚苏阳，译.北京：中信出版集团，2013.

[12] 斯托洛维奇，吉普斯.从培训专家到绩效顾问[M].杨震，颜磊，谷明樾，译.南京：江苏人民出版社，2014.

[13] 杨绛.走在人生边上[M].北京：商务印书馆出版社，2007.

[14] 易虹，李志山.重新定义胜任力：从优化工作条件开始[J].培训，2020（1）：126-129.

[15] 段敏静.卓有绩效：给管理者的绩效改进实用建议[M].北京：中信出版集团，2020.

[16] 张劭华，叶韬.敏捷绩效改进[M].北京：电子工业出版社，2022.

[17] 刘骐，贺蓉."工作标准"的概念、术语和定义辨析[J].标准科学，2019（5）：49-58.

[18] 田梦实.GB/T 15498—2003《企业标准体系 管理标准和工作标准体系》介绍[J].机械工业标准化与质量，2005（9）：5-8.

[19] 莫皓.RAISE：绩效改进五步法[M].北京：清华大学出版社，2015.

[20] 罗思韦尔，霍恩，金.员工绩效改进[M].杨静，肖映，译.北京：北京大学出版社，2007.

[21] 希尔伯，福希.ISPI绩效改进指南[M].周涛，顾立民，李家强，等译.南京：江苏人民出版社，2015.

[22] 张美恩，霍尔比奇.组织发展：OD和HR实践者指南[M].阎明，曹小川，夏钰娇，译.杭州：浙江人民出版社，2023.

[23] 沈军.管理教练：以成果为导向的价值管理模式[M].南京：江苏人民出版社，2011.

[24] 钱德勒，格雷什.反馈的力量[M].付清，译.北京：民主与建设出版社，2021.

参考文献

[25] 吴晔.资源战争：世界美国控[M].北京：团结出版社，2013.

[26] 奇普·希思，丹·希思.行为设计学：零成本改变[M].姜奕晖，译.北京：中信出版集团，2018.

[27] 斯科特，巴恩斯.内部顾问：实践经验/实用指南[M].上海鼎智企业管理咨询有限公司，译.北京：电子工业出版社，2014.

[28] 麦克切斯尼，柯维，霍林.高效能人士的执行4原则[M].张尧然，杨颖玥，译.北京：中国青年出版社，2013.

[29] 高杉尚孝.麦肯锡问题分析与解决技巧[M].郑舜珑，译.北京：北京时代华文书局，2014.

[30] 琼斯，布拉泽.NTL组织发展与变革手册：原则、实践与展望[M].王小红，吴娟，魏芳，译.北京：电子工业出版社，2018.

[31] 福格.福格行为模型[M].徐毅，译.天津：天津科技出版社，2021.

[32] 葛瑞格森.问题即答案[M].魏平，译.北京：中信出版集团，2022.

[33] 唐秋勇.HR的未来使命[M].北京：电子工业出版社，2018.

[34] 麦肯锡&CCT-A.2022年中国零售数字化白皮书（中文版）[R].2022.

[35] 普华永道思略特.2022年数字化工厂转型调研报告[R].2022.

[36] 韦玮，张恩铭，徐卫华.数字化魔方：数字化转型的创新思维模式[M].北京：机械工业出版社，2020.

[37] 海飞门，习移山，张晓泉.数字跃迁：数字化变革的战略与战术[M].北京：机械工业出版，2020.

[38] 华为企业架构与变革管理部.华为数字化转型之道[M].北京：机械工业出版社，2022.

[39] 赵兴峰.数字蝶变：企业数字化转型之道[M].北京：电子工业出版社，2019.

[40] 冯国华，尹靖，伍斌.数字化：引领人工智能时代的商业革命[M].北京：清华大学出版社，2019.

［41］陈春花. 价值共生：数字化时代的组织管理[M]. 北京：人民邮电出版社，2021.

［42］加德纳. 智能的结构[M]. 沈致隆，译. 杭州：浙江人民出版社，2013.

［43］于文浩，伍艳. 绩效技术的因果观：吉尔伯特的工程学模型[J]. 现代教育技术，2021，31（3）：34-41.

［44］博诺，冯杨. 水平思考法：一种更简洁、更有效的创新思维技巧[M]. 太原：山西人民出版社，2008.

［45］莫瑞儿. 遇墙皆是门：超越变革的阻力[M]. 北京：清华大学出版社，2018.

［46］王琼.水平思考：突破创新的思考方式[J].清华管理评论，2015（Z1）：94-100.

［47］GILBERT T F. Human competence：engineering worthy performance[M]. Washington, DC: ISPI, 1978.

［48］DEAN P J. Allow me to introduce Thomas F. Gilbert[J]. Performance Improvement Quarterly, 1992,5（3）:83-95.

［49］DEAN P J. Thomas F. Gilbert[J]. Performance + Instruction, 1995, 34（10）:4-5.

［50］ESQUE T J. Watching Tom Gilbert's feet[J]. Performance + Instruction, 1995,34（10）:16-25.

［51］LINDSLEY O R. In memoriam[J]. The Behavior Analyst, 1996, 19（1）:11-18.

［52］WINTER B. Why Gilbert matters[J]. Performance Improvement, 2018,57（10）:6-9.

［53］STULL S H, FREER K F. Perceptions of performance improvement factors in an emerging market environment[J]. Performance Improvement

Quarterly, 2019,31（4）:327-354.

[54] BINDER C. The six boxes™: a descendent of Gilbert's behavior engineering model[J]. Performance Improvement, 1998,37（6）:48-52.

[55] CHEVALIER R. Updating the behavior engineering model[J]. Performance Improvement, 2003,42（5）:8-14.

[56] MARKER A. Synchronized analysis model: linking Gilbert's behavior engineering model with environmental analysis models[J]. Performance Improvement, 2007,46（1）:26-32.

[57] HARTT D, QUIRAM T, MARKEN J A. Where the performance issues are and are not: a meta-analytic examination[J]. Performance Improvement Quarterly, 2016,29（1）:35-49.

[58] COX J H, FRANK B, PHILIBERTh N. Valuing the Gilbert model[J]. Performance Improvement Quarterly, 2006,19（4）:23-41.

[59] DEAN P J. Tom Gilbert: engineering performance with or without training[J]. Performance Improvement, 2016,55（2）:30-38.

[60] AUSTIN J, OLSON R, WELLISLEY J A. The behavior engineering model at work on a small scale: using task clarification, self-monitoring, and public posting to improve customer service[J]. Performance Improvement Quarterly, 2001,14（2）:53-76.

[61] SHIER L, RAE C, AUSTIN J, et al. Using task clarification, checklists and performance feedback to improve the appearance of a grocery store[J]. Performance Improvement Quarterly, 2003,16（2）:26-97.

[62] KELLY T, HUFF M M. Applying the human performance improvement process to the U.S. navy enlisted aide program[J]. Performance Improvement, 2007,46（3）:23-30.

[63] DAVENPORT T. Process innovation: reengineering work through

information technology[M]. Boston: Harvard Business Press, 1993.

［64］ROBINSON D G, ROBINSON J C. Performance consulting: moving beyond training[M]. San Francisco: Berrett-Koehler Publishers, 1995.

［65］BONO J E, JUDGE T A. Self-concordance at work: toward understanding the motivational effects of transformational leaders[J]. The Academy of Management Journal, 2003,46（5）:554-571.

［66］VROOM V H, JAGO A G. The role of the situation in leadership[J]. American Psychologist, 2007,62（1）:17-24.

［67］HERSEY P, BLANCHARD K H. Management of organizational behavior: utilizing human resources, 6th ed.[M]. Englewood Cliffs: Prentice-Hall, Inc, 1993.